Stephanie Löber

DU BIST AUS *Sternenstaub* GEMACHT

HUMAN DESIGN zeigt dir dein kosmisches Potenzial

INHALT

DER BEGINN DEINER *kosmischen Reise*

EINE REISE IN UNSER INNERES

Wie schön, dass du dich gemeinsam mit diesem Buch auf die Reise machst und dein eigenes Human Design Experiment startest. Für mich ist die Reise, die wir zu unserem innersten Kern antreten, eine der wichtigsten überhaupt. Denn alles, was wir im Außen beobachten und erfahren, findet seinen Ursprung in unserem Inneren. Vielleicht stehst du noch ganz am Anfang deiner Human Design Reise und mit diesem Buch wirfst du einen ersten Blick auf dein kosmisches Potenzial. Vielleicht bist du bereits auf deiner Reise unterwegs und das Buch darf dir als liebevoller Wegbegleiter dienen. Egal wo du gerade stehst – genau dort bist du zu diesem Zeitpunkt richtig. Im Alltag vergessen wir manchmal all die Wunder um uns herum. Und wir vergessen, uns selbst als das Wunder zu sehen, das wir sind. Wir vergleichen uns und verlieren damit unser einzigartiges Potenzial aus den Augen. Doch jeder von uns ist aus Sternenstaub gemacht. Wir tragen das ganze Universum in uns. Mittlerweile wissen wir, dass jedes Atom unseres Körpers verbunden ist mit den Planeten und Sternen unserer Galaxie. Damit sind wir eins mit dem gesamten Universum und allem, was uns umgibt.

Human Design fußt auf der sogenannten Neutrino-Theorie. Neutrinos sind kleinste Teilchen im Universum, die durch die Planeten und die Sonne reisen und schließlich auf die Erde gelangen. Im Human Design geht man davon aus, dass uns diese Neutrinos, die auch als Sternenstaub bezeichnet werden könnten – unseren kosmischen Fingerabdruck verleihen, da sie Informationen der Planeten zu uns bringen.

Diese Informationen tragen wir alle in uns. Sie machen unsere Einzigartigkeit aus. Die Planeten in unserer Galaxie sind beständig in Bewegung und verändern ihre Position – manche schnell, manche langsam. Und es ist genau diese Veränderung, die schließlich auch Veränderung in uns bewirkt. Was genau das für unseren eigenen kosmischen Fingerabdruck bedeutet, das erkunden wir gemeinsam in diesem Buch.

WAS IST HUMAN DESIGN?

»Was ist Human Design eigentlich?« Das ist eine der häufigsten Fragen, die ich gestellt bekomme, seit ich als Holistic Human Design Coach arbeite. Anders als die Astrologie oder die Chakrenlehre der Yogaphilosophie ist Human Design bisher noch nicht so bekannt. Auch nicht in Kreisen, die sich mit persönlicher Weiterentwicklung oder moderner Spiritualität beschäftigen. Daher ist es wahrscheinlich sinnvoll, eine allgemeine Definition vorauszuschicken.

Human Design ist eine Synthese alter Weisheitssysteme, moderner Wissenschaften und spiritueller Annahmen. Es wird häufig als die Wissenschaft der Differenzierung bezeichnet, denn es ist unglaublich individuell und vielschichtig. Der Begriff »Wissenschaft« meint in diesem Kontext nicht die gesellschaftlich anerkannten Wissenschaften, sondern vielmehr soll er die Komplexität dieses Wissensgebietes veranschaulichen. Je tiefer man ins Human Design eintaucht, desto mehr Ebenen erschließen sich.

Das Human Design geht davon aus, dass jeder Mensch mit einem »kosmischen Seelenplan« auf die Welt kommt, einer Art »Gebrauchsanweisung« für die eigene Energie und dafür, wie man für sich die richtigen Entscheidungen treffen kann. Außerdem hilft das Human Design, die eigenen Stärken und potenziellen Schwächen zu erkennen. Es beschreibt, wie man mit anderen Menschen interagiert, und verrät nichts weniger als das eigene Lebensthema. Weitere faszinierende Erkenntnisse hält die Unterscheidung zwischen bewussten und unbewussten Elementen bereit. Denn anders als in der Astrologie, zieht Human Design automatisch noch einen weiteren Zeitpunkt etwa drei Monate vor der Geburt zurate, an dem unsere Seele auf diese Welt kommt. Die Prägungen, die zu diesem Zeitpunkt entstehen, beeinflussen uns stark in unserem Leben, jedoch meist auf eine unbewusste Art und Weise. Diese Prägungen sind zwar für unsere Mitmenschen ersichtlich, unserer eigenen Wahrnehmung entgehen sie aber meist. Zusammen mit unseren bewussten Anteilen beschreiben sie unseren Kern. All dies wird im Human Design mithilfe einer Grafik dargestellt, Human Design Chart oder Lebenschart genannt. In dieser Chart findest du die unbewussten Prägungen als rote Aktivierungen, wohingegen die bewussten schwarz dargestellt werden (siehe Grafik im Kapitel »Die Lebenschart«). In der Chart fließen sie zusammen und stellen all unsere Facetten dar.

Ich sage immer gern, dass die Human Design Chart deinen einzigartigen kosmischen Fingerabdruck abbildet, der ebenso unverwechselbar ist wie dein tatsächlicher Fingerabdruck. Hierbei ist es wichtig, zu erwähnen, dass unsere Chart »nur« unsere energetische Ausprägung anzeigt, nicht jedoch unsere Herkunft, Erziehung, Bildung und kulturelle Prägung, unsere persönlichen Erfahrungen oder unsere aktuelle Lebenssituation. Die Chart zeigt unser Potenzial auf, unabhängig von den genannten Faktoren, über die wir uns gesellschaftlich oft definieren. Wie sich dieses Potenzial in deinem Leben ausdrückt und wie du es erlebst, hängt aber sehr wohl von diesen Faktoren ab.

Das Wissen, das uns das Human Design schenkt, kann es uns erleichtern, ein Leben im tiefen Einklang mit der eigenen Energie und Individualität zu entwerfen. Ich habe am eigenen Leib erfahren, wie mich Human Design wieder mit meiner inneren Weisheit verbunden hat und es mir so möglich wurde, dieser Weisheit zu vertrauen. Seitdem durfte ich dieses Wissen mit Tausenden von Menschen teilen und sehen, wie sie ähnliche Erfahrungen machten. Die häufigste Reaktion, die ich in Readings, Workshops und Kursen erlebe, ist tiefe Erleichterung, dass es vollkommen okay ist, so zu sein, wie man ist. Erleichterung darüber, dass man die Fassade, die man im Erwachsenenleben aufgebaut hat, wieder einreißen und mit Leichtigkeit durchs Leben gehen darf. Wobei Leichtigkeit nicht zwangsläufig bedeutet, dass uns immer alles zufliegt. Vielmehr bedeutet es, dass wir uns nicht länger verstellen müssen. Wir lernen, uns in unserer Einzigartigkeit anzuerkennen und ein Leben in unserer Energie zu kreieren. Denn es ist die Einzigartigkeit jedes Einzelnen, die auf der Welt gebraucht wird – als wichtiger Baustein im großen Ganzen.

Pragmatismus trifft auf Spiritualität

In meinen Ausbildungskursen geht es immer wieder darum, wie man Human Design einem Laien erklären würde. Denn das System ist überaus komplex. Für mich gibt es unzählige Definitionen – vielfältig wie das System selbst. Wählt man eine eher pragmatische Erklärung, so könnte man Human Design als ein innovatives und neuartiges Werkzeug zur Einschätzung der Persönlichkeit und ihrer Talente bezeichnen. Dieses Werkzeug ist sehr praktikabel, denn das Wissen kann sofort im Alltag integriert werden. Es müssen nicht erst Hunderte von Fragen beantwortet werden, wobei die Antworten von der eigenen Laune und Tagesform abhängig sind. Selbst Skeptiker erkennen meist schnell den Unterschied und die Vorteile.

Human Design ist ein Weg, die Selbstwahrnehmung zu stärken und ein besseres Verständnis und mehr Bewusstheit für sich selbst, seine Mitmenschen und die gesamte Umwelt zu bekommen. Und in dieser Einfachheit ist es lebensverändernd.

Möchte man die eher spirituelle und energetische Sichtweise des Human Design miteinbeziehen, so kann man sich auf den Stand der Planeten berufen, der uns zum Zeitpunkt unserer Geburt und drei Monate davor, zu dem Zeitpunkt, an dem unsere Seele auf diese Welt kommt, prägt. Diese beiden energetischen Prägungen bestimmen unsere Aura, also das Energiefeld, das uns immer umgibt. Es ist genau diese Aura, die andere Menschen unbewusst wahrnehmen und in der wir bereits viel von uns nach außen tragen. Diese Aura steht auch im Austausch mit dem gesamten Universum und so kommen, je mehr wir unser Design leben, Möglichkeiten, Chancen und Menschen in unser Leben, die unserer Energie entsprechen. Unser Energiefeld, geprägt von den Energieknotenpunkten, kosmischen Ausprägungen und Aktivierungen der Chart, kann somit den übergeordneten Sinn unserer Seele ausdrücken.

Die Kosmologie, die hinter dem Human Design steht, ist komplex und mystisch, auch wenn die Ergebnisse, die es uns schenkt, unglaublich praktisch und bodenständig sind. Du kannst Human Design für dich nutzen, egal wo du auf dieser Welt lebst, egal welcher Glaubensrichtung du angehörst und egal wie spirituell du bist. Für mich ist Human Design ein System, das uns eine archetypische Betrachtungsweise schenkt. All die Archetypen, die wir in der Human Design Chart finden, ermöglichen es uns, unsere menschliche Erfahrung zu reflektieren und in Worte zu fassen. Es ist keine unbestrittene Wahrheit. Es sollte kein Dogma sein, sondern ein Symbol für die Vielfältigkeit. Es sollte uns bestärken und ermächtigen und nicht limitieren oder neue Glaubenssätze formen. Wir selbst sind diejenigen, die dem System eine Bedeutung geben, und wir können seine Rolle in unserem Leben frei definieren.
Hier rückt für mich wieder der Begriff Human Design Experiment in den Fokus. Denn es geht nicht darum, das Wissen zu analysieren und mit dem Verstand zu bewerten, sondern die kleinen, aber mächtigen Veränderungen, zu denen uns die Chart aufruft, im Leben zu integrieren und mit ihnen zu experimentieren. In diesem Experiment sind wir selbst die richtungsweisenden Forscherinnen. Wir allein geben dem Erlebten eine Bedeutung und betten es in den Kontext unseres Lebens ein. Wir allein schreiben die Regeln und testen die Hypothesen, die uns das Human Design vorschlägt. Wir allein entscheiden, inwieweit wir dieses Experiment leben wollen oder nicht. Und jede von uns, die mit diesem Wissen in Austausch geht, prägt das System weiter. So entsteht ein lebendiger Austausch zwischen alter Weisheit und gelebtem Wissen. Nur so wird Human Design wirklich relevant für unser Leben, statt bloße Theorie zu bleiben.

Deine Lebenschart erstellen

Im Human Design arbeiten wir mit der sogenannten Human Design Chart, auch Körpergrafik oder Lebenschart genannt. Sie stellt deinen einzigartigen kosmischen Fingerabdruck grafisch dar. Im Internet gibt es einige Seiten, die eine Berechnung der Lebenschart anbieten. Meinen kostenlosen Chartrechner findest du unter diesem Link:

- www.allabouthumandesign.de/chart-berechnen

Hier gibst du deinen Namen, dein Geburtsdatum, deinen Geburtsort sowie deine Geburtszeit ein. Um eine wirklich zutreffende Chart zu bekommen, ist die genaue Geburtszeit wichtig. Falls du sie nicht kennst, ist es daher ratsam nachzuforschen. Meist findest du sie auf deiner Geburtsurkunde. Wenn dies nicht der Fall sein sollte, kannst du im zuständigen Standesamt nachfragen. Sind all diese Versuche erfolglos, gibt es noch die Möglichkeit, entweder mit einer astrologischen Geburtszeitkorrektur zu arbeiten oder deine Geburtszeit energetisch mit einem Pendel oder einem kinesiologischen Test bestimmen zu lassen. Oder aber du besprichst mit einem Human-Design-Experten die mögliche Geburtszeit, indem ihr gemeinsam erkundet, wie sich die Energien der Chart verändern.
Deinen Geburtsort kannst du bei den meisten Lebenschart-Rechnern aus einer weltweiten Liste auswählen. Sollte dein Ort nicht in dieser Liste zu finden sein, kannst du die nächstgrößere Stadt auswählen. Wenn du jetzt auf »Chart berechnen« drückst, wird deine Lebenschart erstellt und schon siehst du deine einzigartige Human Design Chart vor dir.

Die Elemente der Lebenschart

In deiner Lebenschart siehst du neben einigen schriftlichen Eckdaten auch Umrisse einer schematischen Körpergrafik mit Formen, Verbindungen, Zahlen, verschiedenen Farben und Symbolen. Die Elemente, die in diesem Buch eine Rolle spielen, findest du neben der grafischen Darstellung schriftlich zusammengefasst. Damit du das Buch und die Begrifflichkeiten des Human Design für dich nutzen kannst, sehen wir uns jetzt Schritt für Schritt die wichtigsten Elemente dieser Chart an, siehe dazu die beispielhafte Chart auf Seite 18.

Die farbigen oder weißen Formen in deiner Lebenschart, also die Quadrate, Rauten und Dreiecke, sind die **Center** der Lebenschart. Diese Center sagen etwas über unsere Grundenergie aus. Sie können uns Aufschluss über unseren Einfluss auf andere Menschen geben, zeigen aber auch auf, wo wir die Energie anderer und der Umwelt wahrnehmen. Ist ein Center farbig eingezeichnet, ist es **definiert**, was bedeutet, dass hier ist die Energie stabil ist und du damit auch deine Umwelt prägst. Ist ein Center weiß, bezeichnet man es als **undefiniert** oder offen. Dann nimmst du über dieses Center die Energien anderer auf, verstärkst dadurch deine Empfindungen und bist empfänglich für Glaubenssätze oder Verunsicherungen von außen. In der Lebenschart gibt es immer neun Center, die in einer festen Reihenfolge angeordnet sind. Von unten nach oben sind dies die folgenden: das Wurzel-Center, das Sakral-Center, das Emotions-Center, das Milz-Center, das Herz/Ego-Center, das Selbst-Center, das Kehl-Center, das Center des Verstandes und das Kronen-Center.

Die Center sind durch ein Geflecht von **Kanälen** miteinander verbunden. Zwei Center, die über einen (oder mehrere) Kanäle miteinander

(1) Undefiniertes Center
(2) Definiertes Center
(3) Definierter Kanal
(4) Bewusste Tor-Aktivierung
(5) Unbewusste Tor-Aktivierung
(6) Profillinien
(7) Unbewusste Planeten
(8) Bewusste Planeten

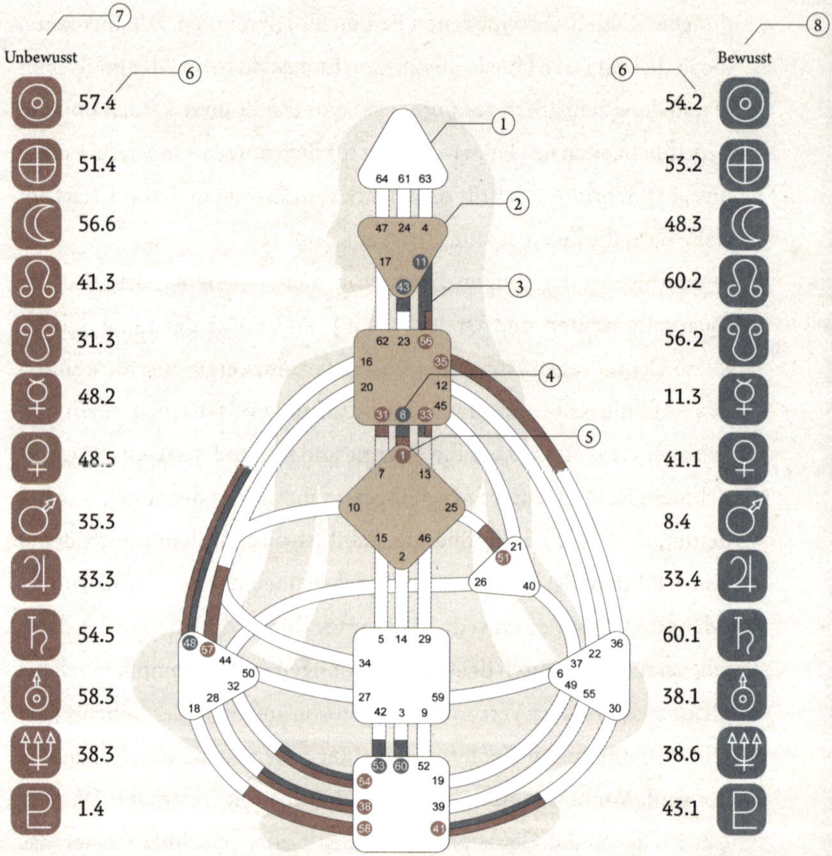

Human Design Typ: Projektor

Strategie: Auf Anerkennung und Einladungen warten

Entscheidungsweisheit: Selbst-projiziert – sprich deine Wahrheit aus

Profil: 2/4 – das freundliche Naturtalent

verbunden sind, sind immer farbig definiert. Hier findet ein stetiger Energiefluss statt und die Center kommunizieren über diesen Kanal sozusagen miteinander. Der Energiefluss und die Definition in deiner Chart bestimmen den **Typ** und deine **Entscheidungsweisheit**, die neben deiner Chart aufgeführt sind. Die Kanäle bestehen immer aus einer Verbindung von zwei **Toren**. Diese sind durch die kleinen Zahlen in den Centern gekennzeichnet. Es gibt insgesamt 64 Tore, die sich in 36 Kanälen in der Human Design Chart treffen können. Ist ein Tor aktiviert, erkennst du es daran, dass die Zahl in einem farbigen Punkt steht und ein farbiger Strich von diesem Center ausgeht.
Rechts und links von der Chart siehst du jeweils eine Reihe von 13 Symbolen. Diese Symbole sind der Sonne, der Erde, dem Mond, den **Planeten** und den energetischen Punkten – dem Mondknoten – im Universum zugeordnet. Sie aktivieren das Tor, dessen Zahl neben dem Symbol steht. Auf der linken Seite siehst du 13 rote Aktivierungen, auf der rechten Seite 13 meist schwarze (in unserer Grafik sind sie blau). Wie bereits erwähnt, stehen die 13 roten Aktivierungen für unsere unbewussten Eigenschaften, wohingegen die schwarzen Aktivierungen unsere bewusste Persönlichkeit ausmachen. Dies wird von größerer Bedeutung, wenn du tiefer in dein Experiment eintauchst. Im Kapitel »Lerne die Linien deines Profils kennen« befassen wir uns genauer damit. Diese maximal 26 Tor-Aktivierungen findest du dann, wie gesagt, innerhalb der Lebenschart als farbig markierte Zahl in den Centern wieder. Wenn ein »roter Planet« beispielsweise in Tor 1 steht (also im Selbst-Center) und ein »schwarzer Planet« in Tor 8 (also im Kehl-Center), dann treffen sich diese beiden Tore im Kanal zwischen Tor 1 und Tor 8 und definieren gemeinsam das Selbst

und die Kehle der Chart. Die Position der Zahlen, also der Tore, in den Centern sind in jeder Chart exakt gleich. Die Aktivierung eines Tores durch einen Planeten ist dagegen individuell und wiederum abhängig von deinen Geburtsdaten.

Hinter den Zahlen, die auf die Aktivierung der Tore verweisen, steht nach dem Punkt eine weitere Zahl zwischen 1 und 6. Diese Zahlen nennt man die **Linien** und diese sind hinter jedem Planeten und Tor zu finden. Von großer Bedeutung sind die beiden Linien auf der Sonnenebene, denn diese bilden dein **Profil**, das wir später im Buch noch genauer erkunden werden. In der abgebildeten Chart findest du so zum Beispiel das Profil 2/4 – denn neben der rechten Sonne lesen wir die 2 nach dem Punkt ab und auf der Linken die 4.

Die schriftlichen Angaben unter der Chart spielen vor allem zu Beginn deines Human Design Experiments eine große Rolle für dich. Genau diese Angaben werden in diesem Buch im Vordergrund stehen. Es handelt sich um deinen **Human Design Typ**, die dazugehörige **Strategie**, die **Entscheidungsweisheit** und das **Profil**. Bei den ersten drei Elementen ist der entsprechende Begriff aufgeführt und das Profil ist die Kombination aus zwei Zahlen, die durch einen Schrägstrich getrennt sind. All diese Elemente werden wir genauer unter die Lupe nehmen und in einen praktischen und lebensrelevanten Kontext einordnen. So viel sei vorab verraten: Dein Human Design Typ und deine Strategie sagen etwas über die Art und Weise aus, wie du dem Leben begegnest, wie andere Menschen dich wahrnehmen, über welche Stärken du verfügst und was eine potenzielle Falle für dich darstellen kann. Deine Entscheidungsweisheit, im Human Design auch **Autorität** genannt, hilft dir, die für dich richtigen Entscheidungen im Einklang mit deiner

Energie zu treffen. Dein Profil sagt etwas über deine bewussten und unbewussten Persönlichkeitsmerkmale aus, kann beschreiben, wie du durchs Leben gehst, wie du dich in Beziehungen, im Beruf und in Interaktionen verhältst und wie du am besten lernst.

DIE HINTERGRÜNDE DER CHART

Aber was steckt nun wirklich hinter dem Human Design System? Human Design beruht auf vier alten Weisheitslehren – der Chakrenlehre des Yoga, der heiligen Weisheit des Judentums, dem I Ging und der Astrologie – sowie modernen Wissenschaften. Der kulturelle und spirituelle Kontext, aus dem sich das Human Design entwickelt hat, kann für eine tiefgehende Reise in die eigene Energie von Relevanz sein. Zum einen, indem wir den Weisheiten, die Human Design erst möglich gemacht haben, Respekt erweisen. Zum anderen eröffnet uns das Entdecken dieser Weisheiten im Laufe unseres Experimentes mehr Tiefgang. Jedoch kann das Human Design Experiment auch ohne das Wissen um diese Weisheiten gelebt werden. Denn allein in der Interpretation der Lebenschart liegen viele Ebenen, die uns die praktikable Anwendung ermöglichen, und gleichzeitig ein umfassendes Verständnis für unsere Energie schenken.

Um einen kleinen Einblick in die Hintergründe der Chart zu geben, werfen wir nun einen kurzen Blick auf die vier Grundweisheiten, auf denen das Human Design beruht. Jede einzelne dieser Weisheiten bietet so viel Wissen und Tiefe, dass man sie ein Leben lang studieren kann. Daher ist es mir noch einmal wichtig, zu betonen, dass sich Human Design zwar gewisser Elemente dieser Weisheitssysteme bedient, aber auch losgelöst von ihnen betrachtet werden kann. Deswegen ist ein tiefgehendes Verständnis beispielsweise des I Ging oder ein langes Studium der Astrologie nicht notwendig, um von dem Wissen des Human Design zu profitieren.

Die vier Weisheiten des Human Design

Eine der grundlegenden Weisheiten der Chart ist die Chakrenlehre. Chakren oder auch Chakras sind Energieknotenpunkte, die wir in unserem feinstofflich-energetischen Körper finden. Chakren sind zwar auch Organen und Körperregionen zugeordnet, aber sie befinden sich auf einer anderen Ebene als unser physischer Körper. In der traditionellen Chakrenlehre wird von sieben Hauptchakren gesprochen, die entlang unserer Wirbelsäule angeordnet sind.

Die Center des Human Design sind stark an die Chakrenlehre angelehnt. Im Human Design wird jedoch davon ausgegangen, dass wir uns in den letzten Jahrtausenden als Menschen weiterentwickelt haben. Durch diese energetische Weiterentwicklung wandelten wir Menschen uns von einem Sieben-Chakren-Wesen, dessen Entscheidungskraft stark im Verstand verwurzelt war, zu einem Neun-Chakren-Wesen mit einer individuellen und kraftvollen Entscheidungsweisheit jenseits des Verstandes. Folglich entstanden die neun Center und damit auch die Human Design Typen und Autoritäten.

Über die neun Center können wir uns und unsere Umwelt wahrnehmen. Wie die Chakren beschreiben auch die Center die feinstoffliche

Energie. Wenn wir also vom Milz- oder Herz/Ego-Center sprechen, ist damit nicht das betreffende Organ gemeint (auch wenn es energetisch damit im Zusammenhang steht), sondern die Energie jenseits des Organs und Themen, die mit dieser Energie in Verbindung stehen. Ein Blick in die Lebenschart zeigt dir die Verbindungen zwischen den Centern, die sich wie ein Spinnennetz über die gesamte Chart legen – die Kanäle. Sie beschreiben den feinstofflichen Energiefluss. Diese Verbindungen und die damit verbundenen Bedeutungen orientieren sich an einer zentralen Lehre der Kabbala. Dies ist die Weisheit, die mystische Tradition des Judentums. In der Essenz geht es in der Kabbala darum, eine Anleitung für ein erfolgreiches und erfülltes Leben zu finden. Einer der Kernaspekte der kabbalistischen Lehre ist der »Baum des Lebens«. Dieses Symbol und Wissen spiegelt die Entstehung des Universums und zeigt uns, wie alles miteinander verbunden ist. Der Lebensbaum bildet alle Aspekte ab, die wir im Universum und in uns selbst finden, und macht deutlich, wie die Ebenen des universellen und menschlichen Bewusstseins miteinander verflochten sind. Angelehnt an das Prinzip des ganzheitlichen Energieflusses finden wir in der Human Design Chart die 36 Kanäle als Verbindungen der unterschiedlichen Ebenen der Chart.

Wie beschrieben, wird ein Kanal aus zwei Toren gebildet. Diese 64 Tore und ihre Energien sind stark am chinesischen I Ging angelehnt. Das I Ging, auch »Buch der Wandlungen« genannt, ist vor über 5000 Jahren entstanden und damit vermutlich das älteste Buch der Welt. Anfangs diente es als Orakel, mit der Zeit wurde es aber immer komplexer, bis es schließlich 64 Zeichen umfasste, die den kompletten Aufbau von Mikro- und Makrokosmos enthalten. Jedes dieser Elemente besteht aus einer Kombination von jeweils sechs durchgezogenen (Yang) oder unterbrochenen (Yin) Linien. Sie werden als Hexagramme bezeichnet. Die 64 Hexagramme legen alle Zyklen und Energien in diesem Universum dar.

Beispielhafte Darstellung eines Hexagrammes. Hier ist das Hexagramm für Tor 10 abgebildet, das energetisch für die Liebe zum eigenen Selbst und den eigenen Weg steht.

In der Lebenschart beschreiben die 64 Tore alle Eigenschaften, Stärken und potenziellen Themen des Menschen. Jeder von uns trägt alle 64 Energien in sich, aber nur ganz bestimmte sind konstant in diesem Leben definiert (wenn ein Planet diese aktiviert). Die Hexagramm-Struktur ist außerdem für das Profil von Bedeutung, denn auch hier finden wir die Eigenschaften der sechs Linien wieder.

Letztendlich werden die Tore, und damit auch die Kanäle und Center unserer Chart, durch den Stand der Planeten definiert. Neben Sonne, Mond, den beiden Mondknoten, Merkur, Venus, Mars, Jupiter, Saturn, Uranus, Neptun und Pluto spielt im Human Design auch die Aktivierung der Erde eine große Rolle. Immerhin hat sich unsere Seele diesen Planeten als Heimat ausgesucht. Im Human Design nutzen wir also diese 13 kosmischen Energien, um die Aktivierungen in der Chart zu bestimmen. Genauer gesagt nutzen wir zweimal 13 planetarische Aktivierungen, denn anders als in der Astrologie ist neben dem

Zeitpunkt der Geburt ein weiterer Zeitpunkt wichtig, und zwar der Moment etwa drei Monate vor der Geburt, in dem die Seele auf diese Welt kommt. Manche Planeten laufen sehr langsam und bleiben mehrere Tagen, Wochen oder sogar Monate konstant in einem Tor stehen. Andere Planeten sind schneller unterwegs und ändern ihre Stellung täglich, mitunter sogar minütlich. Damit verändern sich die aktivierten Tore und die Lebenschart fortwährend und genau deshalb ist die exakte Geburtszeit von großer Wichtigkeit.

Anders als in der Astrologie wird im Human Design nicht mit Aspekten wie Sextilen, Quadraten oder Konjunktionen gearbeitet. Alle planetarischen Aktivierungen finden sich in der Lebenschart als Potenzial (aktiviertes Tor), das sich mit einem anderen Potenzial (gegenüberliegendes aktiviertes Tor) treffen kann, um einen Kanal zu bilden. Sobald dieser Kanal aufgebaut ist, entstehen zwei aktivierte Center, die wiederum den Typen, die Entscheidungsweisheit und andere Elemente prägen.

Von Neutrinos, Sternenstaub und Quantenphysik

Aber wieso können wir davon ausgehen, dass ferne Planeten einen Einfluss auf uns und unsere Persönlichkeitsstruktur haben? Ein Thema, das mich sehr begeistert und diesem Buch zu seinem Namen verholfen hat, ist der Sternenstaub – die sogenannten Neutrinos –, der uns alle umgibt und prägt. Was Human Design so unglaublich faszinierend macht, ist die Verbindung von alten Weisheiten auf der einen und modernen Wissenschaften auf der anderen Seite. In unserer Chart verschmilzt jahrtausendealtes Wissen mit modernsten Erkenntnissen der Astrophysik – und ein Ende der Forschung ist noch lange nicht in Sicht. Wie bereits erwähnt, sprechen wir im Human Design von den Neutrinos und davon, dass die Planeten unsere Chart prägen. Aber was sind Neutrinos eigentlich? Neutrinos sind noch kleiner als Elektronen, von denen vermutlich jeder schon einmal gehört hat. Sie sind neben den Photonen die Teilchen, die im Universum am häufigsten vorkommen – quasi kleinste Bausteine des Universums. Neutrinos entstehen, wenn kosmische Strahlung auf die Erdatmosphäre trifft oder bei Kernreaktionen in der Sonne, den Sternen und anderen Planeten. Billionen dieser kleinsten Teilchen strömen jede Sekunde durch unseren Körper, ohne dass wir es merken. Bis zur Jahrtausendwende wurde noch angenommen, dass Neutrinos selbst keine Masse besitzen. Bei ihren Forschungen, die 2015 sogar in einem Nobelpreis mündeten, fanden Takaaki Kajita aus Japan und Arthur McDonald aus Kanada jedoch heraus, dass Neutrinos entgegen der ursprünglichen Vorstellung doch eine, wenn auch geringe, Masse haben. Diese Annahme bildete die Basis des Human Design, noch bevor Studien dies nachweisen konnten. Im Human Design geht man davon aus, dass Neutrinos durch diese geringe Masse als kosmische Informationsüberträger fungieren: Sie können fast mit Lichtgeschwindigkeit durch feste Strukturen (wie Planeten, unsere Körper oder die Erde) strömen, nehmen hier neue Informationen auf und verteilen sie.

Die Frage, warum Neutrinos Masse haben und was das für Auswirkungen hat, ist eine der wichtigsten Fragen in der modernen Physik. Ich bin gespannt, was sich in den nächsten Jahren hier zeigen wird. Immerhin ist es auch noch gar nicht lange her, da hat die Quantenphysik unser Weltbild auf den Kopf gestellt, als man herausfand, dass sich Atome und kleinste Partikel anders verhalten, je nachdem wie und von wem sie betrachtet werden. Mittlerweile gehen die neuesten Theorien in der Physik davon aus, dass nicht Teilchen, wie Atome, die fundamentalen Bausteine der Materie sind, sondern sogenannte Quantenfelder. Die Quantenphysik und Quantenmechanik beschäftigt sich mit dem Energiefeld und den unendlichen Möglichkeiten und Potenzialen, die gleichzeitig in unserem Universum existieren. Die Forschungen deuten an, dass wir als »Beobachter« der Realität gleichzeitig Schöpfer dieser Realität sind.

Genau diese Erkenntnis der Quantenphysik spielt in deinem Human Design Experiment eine entscheidende Rolle. Deine Chart zeigt dir die unglaublichen Potenziale auf, die du in dir trägst. Je nachdem mit welchem Bewusstsein du sie betrachtest, werden sie sich unterschiedlich in deinem Leben zeigen. Hast du beispielsweise in der Schule gehört, dass du nicht kreativ bist, weil du in Kunst keine gute Note hattest, sagst du möglicherweise bis heute über dich »Ich bin einfach nicht kreativ«. Damit erschaffst du deine Realität. Wahrscheinlich lebst du dich nicht kreativ aus und scheust dich beruflich wie privat vor kreativen Aufgaben. Vielleicht hast du als Kind gern geschrieben und hast durch dein kreatives Potenzial neue Wirklichkeiten erschaffen. Aber weil dir in der Schule ein Stempel aufgedrückt wurde, der dich limitiert hat, hast du dieses Potenzial vergessen. Angenommen deine Human Design Chart zeigt dir nun dein ausgeprägtes kreatives Potenzial auf. Dann kann sich deine Limitierung auflösen und du erinnerst dich an deine Kindheit und all die Geschichten und Welten, die du erschaffen hast. Dein limitierender Glaubenssatz wandelt sich und aus »Ich bin nicht kreativ« wird »Ich bin eine kreative Schriftstellerin«. Damit wird sich auch deine Realität grundlegend ändern. Du wirst dein bislang ungenutztes Potenzial mit neuem Selbstvertrauen in die Welt tragen. Dadurch öffnen sich privat wie beruflich neue Türen. Du bist die bewusste Schöpferin deiner Realität geworden.

Die Entwicklung des Human Design

Doch wie kam es eigentlich dazu, dass diese jahrtausendealten Weisheiten mit so modernen Wissenschaften zusammengebracht wurden? Human Design als Ganzes ist, wie bereits erwähnt, ein relativ neues System, das im Januar 1987 auf diese Welt gekommen ist. Angesichts der unglaublichen Komplexität dieses Systems scheint es kaum möglich, dass es nicht durch die Zusammenarbeit vieler Experten entstanden ist, sondern durch einen einzigen Mann empfangen wurde, doch so ist es. Alan Robert Krakower, ein Kanadier, der zu dieser Zeit sein bisheriges Leben hinter sich gelassen hatte und auf der spanischen Insel Ibiza lebte, hörte er in seiner Hütte am Strand eines Abends eine Stimme. Diese Stimme eröffnete ihm eine »Begegnung« und übermittelte ihm in einem Zeitraum von acht Tagen und Nächten die Kosmologie, Elemente und Zusammenhänge der Chart.
Nach dieser »Begegnung« machte Ra Uru Hu, wie sich Krakower seit dieser Zeit nannte, es sich zur Aufgabe, dieses Wissen mit der Welt zu teilen. Wenige Jahre nach der Begegnung mit der Stimme schrieb er das erste Buch über Human Design. In den nächsten 20 Jahren bis zu seinem Tod 2011 gab er das Wissen in Kursen und Seminaren in Amerika und Europa weiter.

Seit der Entstehung des Human Design hat sich viel getan. So waren die ersten Jahre geprägt von Übermittlungen in kleinen Gruppen, durch eine einzige Schule. Alle Überlieferungen waren dadurch sehr nahe am »Original« und stärker von Ras Begegnung mit der Stimme geprägt als vom wirklichen Erleben und Experimentieren mit dem Wissen. Das Wissen war nur beschränkt zugänglich, und so verbreitete sich das System relativ langsam.

Vergleicht man dies mit heute, kann man sicherlich sagen: Ein neues Zeitalter ist angebrochen. Mit der Verbreitung des Internets und seinen sozialen Plattformen sind wir im Informationszeitalter angelangt und auch im Kontext des Human Design sind neue Zeiten angebrochen. Die heutige Zeit ist geprägt von schnellem Austausch, globaler Vernetzung und einem freien Zugang zu jeder Art von Wissen. Human Design ist längst nicht mehr nur einem kleinen Kreis vorbehalten, da das Wissen ausschließlich im direkten Kontakt mit einem Experten weitergegeben wird, sondern heute findet man im Internet unzählige Videos, Beiträge und Texte.

Mit der zunehmenden Verbreitung des Wissens sind auch immer mehr Abspaltungen und unterschiedliche Methoden entstanden. Lehrer und Mentoren, die direkt mit Ra in Kontakt standen, haben eigene Schulen gegründet. Eine bunte Vielzahl an Personen gibt das Wissen auf seine eigene Art und Weise weiter – auch geprägt durch die Erfahrungen des Experiments. Die beständig wachsende Gemeinschaft ermöglicht einen kontextuellen und vielfältigen Austausch. Und genau hier liegt für mich die Magie. Die eigentliche Stärke des Human Design liegt nämlich nicht in der bloßen Theorie, sondern in der Praxis, also im Austausch und Erleben. Es lässt sich nicht von einer begrenzten Zahl von Gurus vermitteln, es lebt vielmehr durch die Erfahrung jedes Einzelnen.

Human Design führt uns unsere Einzigartigkeit vor Augen und ermöglicht uns gleichzeitig, dieses Wissen in unser Leben zu integrieren – als gelebte Weisheit.

Ich selbst hatte immer Lehrerinnen und Mentorinnen, die diesen Wandel sehr undogmatisch begrüßen. Auch für mich ist es wichtig, dass jeder, der sich auf diese Human Design Reise begibt, seine Stimme, seine Erfahrungen und Potenziale einbringen kann. Und genau diese Werte gebe ich in meinen eigenen Kursen, Ausbildungen und Workshops weiter. Jeder darf sich der Verantwortung bewusst sein, die es braucht, um das eigene Leben in die Hand zu nehmen. Eine ebenso große Verantwortung liegt darin, dieses Wissen – egal auf welche Weise – mit anderen zu teilen. Wir dürfen lernen, diese Verantwortung selbst zu tragen, anstatt sie an andere abzugeben. Daher möchte ich dir noch einmal eine liebevollen Erinnerung mit auf den Weg geben: Sei achtsam, von wem du mehr über die Energien erfahren möchtest, und vertraue auch (oder vor allem hierbei) auf deine eigene Entscheidungsweisheit. Lass dich nie durch Aussagen über die Human Design Chart limitieren. Nimm die Chart nie als Ausrede dafür, warum du etwas nicht kannst, warum deine Beziehung falsch läuft oder weshalb andere besser oder schlechter sind. Betrachte die Chart immer als neutrales Potenzial, das dir Erkenntnisse schenken kann, die es dir ermöglichen, dir selbst und deinen Mitmenschen mehr Mitgefühl entgegenzubringen. Es ist eine völlig wertfreie Anleitung, dein Leben im Einklang mit deiner ureigenen Energie zu gestalten.

EIN LEITFADEN FÜR DEIN EXPERIMENT

Die wichtigste Erkenntnis, die uns Human Design schenken kann, ist diese: Jeder von uns tickt anders, jeder lernt anders und jeder interagiert anders mit dem Leben und all den Informationen, die es für uns bereithält. Genauso individuell kannst du entscheiden, wie du dieses Buch für dich nutzen möchtest. Es gibt kein Richtig oder Falsch.

Die Kapitel, in die das Buch unterteilt ist, entsprechen den grundlegenden Elementen der Lebenschart. So starten wir mit den fünf Human Design Typen. Danach erkunden wir die unterschiedlichen Entscheidungsweisheiten. Schließlich sehen wir uns an, was die sechs Linien und ihre Archetypen über unsere Energie aussagen. Im letzten Kapitel führen wir all diese Elemente zusammen und entdecken ihre Relevanz für unser Leben, aber auch für unsere Gesellschaft.

Um für dich den maximalen Nutzen aus dem Buch zu ziehen, musst du es nicht von Anfang bis Ende durcharbeiten. Es ist nicht nötig, jedes Kapitel bis ins kleinste Detail zu studieren. Wenn dir danach ist, kannst du das natürlich tun. Jedoch wird es nicht für jeden das Richtige sein. Deine Human Design Chart enthält bestimmte, ganz individuelle Elemente, die für dich persönlich eine Rolle spielen, andere sind für dich zweitrangig, daher kannst du ganz frei entscheiden, wie du das Buch nutzen möchtest

Ein kleines Beispiel: Du bist eine Projektorin. Natürlich ist dann der betreffende Abschnitt im Kapitel »Lerne deinen Typ kennen« am spannendsten für dich. Du kannst dich mit den Journalfragen beschäftigen, um tiefer in dein Experiment einzutauchen. Aber vielleicht bist du auch neugierig, was es mit den anderen Human Design Typen auf sich hat, und willst die Menschen in deinem Leben besser kennenlernen. Wie tief du hier einsteigst, ist dir überlassen. Dasselbe gilt natürlich auch bei der Entscheidungsweisheit und den Profillinien.

Unabhängig davon empfehle ich dir, für dein Experiment ein Journal anzulegen. Besorge dir ein schönes Notizbuch, in dem du notierst, was dir beim Lesen wichtig erscheint, was du nicht vergessen oder worauf du später vielleicht wieder zurückkommen möchtest. In den verschiedenen Kapiteln biete ich zudem »Journalfragen« an, die dir dabei helfen, deine Erkenntnisse zu vertiefen, dafür ist es sinnvoll, die Antworten aufzuschreiben.

Ich lade dich mit diesem Buch ein, dein ganz individuelles Human Design Experiment zu starten. Oder noch tiefer einzusteigen, falls du bereits damit begonnen hast. Ein offener Geist ist hierbei die wichtigste Voraussetzung. Und die Bereitschaft, Dinge und Gewohnheiten zu hinterfragen, sich zu öffnen und neugierig Neues zu probieren.

An dieser Stelle noch ein kleiner Reminder: Nutze dieses Buch in deinem Tempo und auf deine Art und Weise. Schneller ist nicht besser. Es öfter zu lesen heißt nicht, dass du es wirklich lebst. Human Design kennt keine Wertung. Es ist eine liebevolle Erinnerung an dein unendliches, kosmisches Potenzial. Nur du kannst dieses Potenzial zum Leben erwecken – im Einklang mit deiner Energie.

Let's discover your magic!

Jahre Yoga praktiziert, eine Ausbildung zur Yogalehrerin absolviert und neben den Körperübungen auch die energetischen Hintergründe dieses jahrtausendealten Systems ergründet. Noch dazu hatte kurz zuvor eine astrologische Analyse mein Weltbild auf den Kopf gestellt. Mir war gerade erst bewusst geworden, dass mehr in den Sternen geschrieben steht, als ich bisher angenommen hatte.

Und dann kam plötzlich Human Design in mein Leben. Genau so sehe ich es mittlerweile. Nicht wir selbst suchen, entdecken und finden Human Design, sondern dieses wundersame System tritt genau dann in unser Leben, wenn wir offen und bereit für seine Nachrichten sind. Das hört sich jetzt etwas mysteriös an, doch lass mich dich mitnehmen und dir erklären, was ich damit meine.

Zu dieser Zeit meines Lebens steckte ich in einem Masterstudiengang und einem Nebenjob, was mir jede Menge Energie und Kreativität raubte. Yoga bot mir einen körperlichen und mentalen Ausgleich. Mein neu gewonnenes Interesse an Energiearbeit und Astrologie erfüllte meine Wochenenden und gab mir wieder Kraft. Und doch kam ich unter der Woche nach Vorlesungen oder Veranstaltungen gewöhnlich frustriert, schlecht gelaunt und ausgelaugt nach Hause, zu müde, um mein Leben oder gar meine Zukunftsvorstellungen zu hinterfragen. An einem dieser Wochenenden stieß ich auf einen Podcast einer meiner Lieblingsastrologinnen. Einem Impuls folgend, hörte ich während eines Spaziergangs hinein. Hier begegnete ich zum ersten Mal dem Begriff »Human Design«. Damals konnte ich allerdings noch nichts damit anfangen. Die merkwürdigen Begriffe wie »Projektor«, »Generator« und »Strategie«, die dort verwendet wurden, kamen in meinem bisherigen astrologischen Vokabular nicht vor.

Meine Neugier (und Skepsis) war geweckt. Ich setzte mich an meinen Computer und begann zu googeln – leider mit mäßigem Erfolg. Die wenigen deutschsprachigen Seiten, die mir angezeigt wurden, waren inhaltlich dünn und optisch alles andere als ansprechend. Also probierte ich mein Glück auf Englisch und fand eine Seite, auf der ich meine Human Design Chart berechnen konnte. Gespannt wartete ich auf das »Ergebnis«. Umso größer meine Enttäuschung, als eine kryptisch aussehende Grafik erschien. Anders als die mir vertraute astrologische Radix, sah ich eine Figur mit Formen, Farben, Strichen und Zahlen vor mir, die mir überhaupt nichts sagte. Auch mit den Begrifflichkeiten konnte ich wenig anfangen.

Es sollte noch einige Wochen und Monate dauern, bis ich aus diesem rätselhaften Chaos schlauer werden sollte. Trotz meiner Zweifel, ließ mich das Thema nicht mehr los. In jeder freien Minute suchte ich Bücher, schaute mir Videos an und versuchte, diese Schatzkarte zu entschlüsseln. Aber je mehr ich lernte, desto verwirrter und skeptischer wurde ich. Sollte mir diese Grafik wirklich aufzeigen können, wie ich starke Entscheidungen treffen kann, wie meine Glaubenssätze aussehen, was ich in Beziehungen brauche und wie andere mich wahrnehmen? Das kam mir doch etwas weit hergeholt vor. Aber der Begriff des »Human Design Experiments«, über den ich immer wieder stolperte, machte die Wissenschaftlerin in mir neugierig und so beschloss ich, mich auf dieses Experiment einzulassen. Was hatte ich zu verlieren? Und tatsächlich – dieses Experiment brachte mir viele neue Erfahrungen und eine tiefe Verbindung zu mir selbst. Ich lernte, starke Entscheidungen zu treffen, die mich in die Selbstständigkeit führten und mir viele neue Türen öffneten. Bis heute befinde ich mich mittendrin in diesem Experiment. Und bin unglaublich dankbar dafür, dass ich mich für das Wissen und die Weisheit des Human Design geöffnet habe.

In diesem Buch nehme ich dich mit auf eine kosmische Reise. Mir selbst haben zu Beginn Informationen und Mentoren gefehlt. Dir möchte ich mit diesem Buch beides bieten: die richtigen Anleitungen, damit du deine eigene Schatzkarte enträtseln kannst, und die richtigen Fragen, Impulse und Geschichten, um dich auf dieser Reise zu unterstützen. Ich bin bei jedem Schritt an deiner Seite. Wir erkunden gemeinsam die wichtigsten Elemente deiner Lebenschart. Mithilfe dieses Buches kannst du nicht nur deinen eigenen kosmischen Fingerabdruck entschlüsseln, sondern auch neue Erkenntnisse für deine Partnerschaft, Familie und dein gesamtes Umfeld gewinnen und damit ein harmonisches und bestärkendes Miteinander schaffen. Lass uns gemeinsam dein kosmisches Potenzial entschlüsseln.

Anmerkung

In meiner Arbeit begleite ich zum größten Teil Menschen, die sich als Frau fühlen und sich mehr mit einer weiblichen Ansprache identifizieren. Bei der Beschreibung der Human Design Typen habe ich daher die weibliche Form verwendet und spreche beispielsweise nicht vom Generator, sondern von der Generatorin. Das generische Femininum gilt im Sinne der Gleichbehandlung für jede Geschlechteridentität. Im Human Design sprechen wir ohnehin vom energetischen Körper und dieser ist frei von den von uns Menschen festgelegten Geschlechterrollen.

DEIN KOSMISCHER FINGERABDRUCK

Was wäre, wenn ich dir sagen würde, dass du einen kosmischen Fingerabdruck hast, der dein unendliches Potenzial aufzeigt? Wenn ich dir verraten würde, dass du mithilfe einiger weniger Daten herausfinden kannst, wie du am besten mit dem Leben, anderen Menschen und Möglichkeiten interagierst? Wenn ich dir erzählen würde, dass du anhand genau dieser Daten herausfinden kannst, was deine Persönlichkeitsmerkmale, Stärken und Potenziale sind? Wenn ich dir sagen würde, dass es eine Anleitung gibt, wie du starke Entscheidungen für deinen Lebensweg treffen kannst? Wenn du erfahren könntest, welches Thema sich durch dein Leben zieht und wie dich andere Menschen wahrnehmen? Wärst du begeistert, skeptisch oder gar verwirrt? Das klingt alles fast zu schön, um wahr zu sein. – Das war mein Gedanke, als ich zum ersten Mal mit Human Design in Kontakt kam. Ich bin studierte Natur- und Sozialwissenschaftlerin, stamme aus einer Familie mit eher pragmatisch-bodenständigen als spirituellen Ansichten und bin verankert in einem gesellschaftlichen Konstrukt aus Logik und Zweifel, daher schien es mir sehr weit hergeholt, all diese Dinge durch einen simplen »Test« zu erfahren. Hinzu kam, dass dieser »Test« nicht auf einer ausführlichen Frage- und Antwortliste basiert, sondern einzig und allein auf Prägungen, die von Zeitpunkt und Ort unserer Geburt abhängen.

Als mir Human Design begegnete, war ich jedoch bereits offen für energetische Themen und Spiritualität. Hatte ich doch selbst etliche

LERNE DEINEN *Typ* kennen

WARUM WIR ALLE UNTERSCHIEDLICH TICKEN

Du hast dich für dieses Buch entschieden, weil du dich selbst besser kennenlernen möchtest. Dir ist bewusst, dass jeder Mensch seine ganz eigene Energie hat und einzigartig ist. Genau das ist die Grundannahme des Human Design. Diese wird nicht nur durch die Lebenschart – die grafische Darstellung deines kosmischen Fingerabdrucks – untermauert, sondern auch durch die Art und Weise, wie jeder in seinem individuellen Experiment aufblüht.

In unserer Gesellschaft werden wir leider viel zu oft in Schubladen gesteckt, die nicht zu uns passen. Schon in der Schule wird uns vermittelt, dass es nur eine Art und Weise gibt, zu funktionieren und vor allem erfolgreich zu sein. Wir müssen uns früh an ein System anpassen, das nicht unser persönliches Glück und Wohlergehen im Sinn hat, sondern darauf ausgerichtet ist, dass Gesellschaft und Wirtschaft funktionieren. Also hören wir auf, unser Leben nach unserer eigenen Energie auszurichten. In der Ausbildung und im Studium halten wir uns an oft veraltete Regeln, weil man es eben so macht. Im Beruf passen wir uns den vorgegebenen Strukturen an, statt in Positionen zu arbeiten, die unseren individuellen Fähigkeiten entsprechen und in denen wir uns gegenseitig stärken können. Bald kommen weitere gesellschaftlichen Erwartungen hinzu und neben Haus, Familie und Karriere ist kaum noch Platz, sich selbst zu entfalten.

Damit möchte ich nicht sagen, dass diese Dinge per se eine falsche Wahl sind – wenn sie denn eine persönliche Wahl waren. Zu oft treffe ich aber in meinen Sessions, Workshops und Kursen auf Frauen (und Männer), die genau diesen Erwartungen der Gesellschaft gefolgt sind und nach und nach gemerkt haben, dass sie eben nicht auf sich selbst gehört, dass sie nicht ihre eigenen Entscheidungen getroffen haben. Sie sind müde, frustriert, enttäuscht, verbittert und wütend. Oft finden wir Human Design (oder Human Design findet uns), wenn wir an genau so einem Punkt stehen. Kurz vor oder im Burn-out. Mitten in einer wichtigen Lebensentscheidung. An einer Weggabelung, die uns neue Möglichkeiten aufzeigt. Wenn wir bemerken, dass es im Leben noch so viel mehr gibt.

»Jeder ist ein Genie! Aber wenn du einen Fisch danach beurteilst, ob er auf einen Baum klettern kann, wird er sein ganzes Leben glauben, dass er dumm ist.« Albert Einstein

Vielleicht befindest du dich ebenfalls an einem solchen Punkt und hinterfragst bestehende Strukturen und den Weg, den du bisher gegangen bist. Mit wachsendem Bewusstsein beschäftigen wir uns mit unseren bisherigen Ansichten und Überzeugungen – und brechen vielleicht mit einigen von ihnen. Das ist ganz natürlich. Denn wie zu Beginn dieses Kapitels geschrieben: Jeder Mensch ist einzigartig. Jeder bringt seine einzigartige Energiequalität, seine individuellen Stärken, Potenziale und Schwächen mit auf diese Welt. Es entspricht nicht dem menschlichen Dasein, dass wir uns in Schubladen stecken lassen, Label drauf und fertig. Hören wir damit auf, uns selbst und anderen Label zu verpassen, entdecken wir wieder, wie wir unsere eigene Einzigartigkeit leben und die Energie der anderen fördern können.

Raus aus den Schubladen

Es ist mir ein großes Anliegen, zu betonen, dass Human Design NICHT die nächste Schublade sein sollte, in die du dich selbst steckst. Wir sind es gewohnt, mit Labels und Beschreibungen versehen zu werden, Anforderungen zu erfüllen und uns dadurch einschränken zu lassen. Und so beobachte ich immer wieder, dass sich Menschen zu Beginn dieses Experiments durch ihr Human Design limitieren lassen. »Ich bin Projektorin – ich kann mich doch nicht selbstständig machen.« Dein Human Design sollte dich niemals einschränken. Es zeigt dir nicht auf, was du nicht kannst, sondern es zeigt dir auf, wie du die Dinge auf deine Art und Weise machen kannst. Ich kenne mittlerweile mehr als genug sehr erfolgreiche und glückliche Unternehmerinnen, die die Dinge auf ihre ganze eigene Art und Weise machen, ihre Stärken kennen und mit ihrer Projektorinnen-Energie in der Selbstständigkeit aufgehen. Solltest du dich dabei ertappen, in Limitierungen zu denken, dann erinnere dich daran, dass Human Design das reine energetische Potenzial darstellt, das sich mit deinen menschlichen Erfahrungen, Talenten und Interessen vermischt und damit eine einzigartige Anleitung für dein Leben ergibt.

Im Human Design gibt es fünf Typen, doch das bedeutet keineswegs, dass wir die gesamte Menschheit in fünf Schubladen packen oder auf irgendeine Art und Weise limitieren. Denn der Typ ist nur eine Ebene der Human Design Chart – für mich ist er so etwas wie die Spitze des Eisberges. Er ist gut sichtbar, ermöglicht einen einfachen Einstieg in das Konzept und man ist gespannt, zu sehen, was sich alles unter der Oberfläche befindet. Und unter dem Human Design Typ liegt tatsächlich noch so viel mehr. Allein die in diesem Buch besprochene

Kombination aus Typ, Autorität und Profil zeigt Hunderte von Möglichkeiten, wie diese Elemente zusammenspielen können. Dazu kommen die 9 Center, die 36 Kanäle, die 64 Tore und die darunterliegenden 6 Linien in Kombination mit den 26 Planetenaktivierungen – je tiefer man eintaucht, desto mehr Ebenen erschließen sich und all dies eröffnet eine unglaubliche Vielfalt an Möglichkeiten.

Genau diese Kombination, die wir in uns tragen, kann uns wieder an unsere Essenz erinnern. Manchmal zeigt sie uns etwas Neues und bisher Unentdecktes auf – doch meist wissen wir sehr gut, was uns guttut, was unsere Stärken sind und wie wir ticken. Während wir so durchs Leben gehen, vergessen wir es aber manchmal, lassen uns von unserem Weg abbringen, übergehen unsere innere Weisheit und drängen unser Potenzial zurück. Meist sind es ein Mangel an Selbstvertrauen und gesellschaftliche Prägungen, die dafür sorgen, dass wir lieber die Erwartungen anderer erfüllen. Genau deshalb ist die Auseinandersetzung mit Human Design so unglaublich heilsam und bestärkend – es ermöglicht uns, uns selbst mit einem neuen und doch vertrauten Blick zu sehen und endlich die antrainierten, aber anstrengenden Muster abzulegen, um unser Potenzial zu leben.

DIE FÜNF TYPEN IM HUMAN DESIGN

Heutzutage kennt fast jeder sein Sternzeichen und möglicherweise sogar ein paar der Eigenschaften, die ihnen zugeschrieben werden. »Ich bin Löwe und mag es, aufzufallen und im Mittelpunkt zu stehen.«

»Ich bin Wassermann und bin sehr eigen und individualistisch.« Das ist alles gut und schön, doch viel aufschlussreicher wäre es, seinen Human Design Typ zu kennen und zu kommunizieren. Denn obwohl der Typ nur die erste Ebene der Chart ist, stecken darin bereits sehr viele Erkenntnisse über die eigene Energie. Deinen Typ zu kennen, hilft dir, dich selbst und andere besser zu verstehen, zu erkennen, wie Interaktionen ablaufen, was zu beherzigen ist und welches Energiefeld den ersten Eindruck bestimmt.

Die Typen im Human Design bieten einen wunderbaren Einstieg, um sich seiner eigenen Energie bewusster zu werden. Sie fassen den Energiefluss der Chart zusammen. Mit dem Typ ist die sogenannte Strategie verknüpft, die beschreibt, wie wir dem Leben, anderen Menschen und den Möglichkeiten, die sich uns bieten, begegnen. Sie zeigt, wie wir mit dem Universum in Kontakt stehen und dass wir zwar Schöpferin unseres eigenen Lebens sind, aber trotzdem immer mit allem um uns herum interagieren.

Wie bereits erwähnt, machen der Typ und die Strategie gemeinsam mit der Entscheidungsweisheit etwa 80 Prozent unseres Experimentes aus. Wenn wir diese Elemente als Leitlinie für unser Leben nehmen, drücken sich all die anderen Ebenen – unsere Stärken und Potenziale, unsere Persönlichkeitsaspekte und Energien – im höchsten und besten Sinne aus. Die verschiedenen Typen haben außerdem jeweils eine andere Aura. Die Aura ist das Energiefeld, das uns immer umgibt und das von anderen wahrgenommen wird. Sie ist eine Art Gegenspielerin der Strategie und unterstützt uns auf unserem Lebensweg.

In den folgenden Kapiteln beschreibe ich die fünf Human Design Typen, das sind die Manifestorin, die Generatorin, die Manifestierende Generatorin, die Projektorin und die Reflektorin. Wir schauen uns jeweils die Strategie, die Entscheidungsweisheit und die Aura genau an. Durch Journalfragen biete ich dir Impulse für die Reflexion und für die Innenschau. Abschließend gibt es für jeden der fünf Typen Affirmationen und bestärkende Worte, die als Erinnerung an die dir innewohnende Kraft dienen sollen. Lege dein Notizbuch bereit, um aufzuschreiben, was dir beim Lesen in den Sinn kommt, was dir wichtig erscheint, was du nicht vergessen möchtest.

Eins noch vorweg: Es gibt keine Mischtypen im Human Design. Man kann nicht am einen Tag Projektorin und am nächsten Generatorin sein. Dein Typ ist in deiner Lebenschart, die auf deinen Geburtsdaten basiert, festgelegt. Das soll keine Limitierung darstellen, denn jeder Typ kann alles machen und erreichen. Allein die Art und Weise, wie es gemacht wird, kann sich unterscheiden. Und darin liegt mehr Leichtigkeit, Freiheit und Selbstbestimmung. Vielleicht hast du bisher gegen deine Strategie gehandelt. Dann sei im Rahmen dieses Experimentes offen, es auf eine andere Weise zu probieren. Falls es für dich nicht funktioniert, kannst du jederzeit zu deinen gewohnten Mustern zurückkehren. Neue Muster und Gewohnheiten zu etablieren, kostet erst einmal Überwindung, Mut und auch ein wenig Geduld und Zeit. Doch du schaffst das! Legen wir los.

Als Bonus für dich habe ich zu jedem Typ weiterführende Informationen und Beispielgeschichten zusammengestellt, die du dir herunterladen kannst. Am Ende des Buches (Seite 235) findest du einen QR-Code, der dich zu diesen Inhalten führt.

DIE MANIFESTORIN

Thema: Impulsgeberin

Strategie: Impulsen folgen und andere darüber informieren

Aura: kraftvoll, undurchsichtig, verschlossen, in Gang bringend, aktivierend

Energetische Aufgabe: durch die eigenen Impulse eine Verbindung zum Universum sein, neue Visionen und Innovation anstoßen und dadurch Neues auf der Erde erschaffen und initiieren

Eigenschaften: impulsiv, selbstständig, visionär, innovativ, bestimmend, taktgebend, unabhängig, inspirierend

Schatten: sich klein machen, anpassen und es allen recht machen wollen

Lower Self: Wut und Ärger

Higher Self: Frieden und Selbstständigkeit

Herausforderungen: in der eigenen Kraft stehen, auffallen, Pausen machen

Verbreitung: etwa 9 Prozent der Gesellschaft

Die kraftvolle Impulsgeberin und Visionärin

Manifestorinnen sind die kraftvollen Impulsgeber auf dieser Welt. Sie sind verbunden mit einer ihnen innewohnenden Kraft und im Einklang mit ihrer Energie empfangen sie Impulse, die ihnen neue Wege zeigen. Manifestorinnen nutzen ihre Kraft und Stärke, um Einfluss zu haben. Sie agieren unabhängig und frei und ihrer Kreativität sind keine Grenzen gesetzt. Sie entwickeln die verrücktesten Ideen, wollen Veränderungen herbeiführen, und sie haben die Energie, diese Ideen umzusetzen und ihre Visionen Wirklichkeit werden zu lassen. Damit ist jede Menge Verantwortung verbunden, die von ihnen wahrgenommen wird. Die Manifestatorin ist der einzige Typ, der auf der Welt ist, um aus sich heraus zu erschaffen und zu initiieren – die anderen Typen dürfen lernen, auf Einladungen, auf ein Zeichen oder einen Mondzyklus zu warten, bevor sie handeln.

Manifestorinnen sind Visionärinnen, die zur richtigen Zeit die richtigen Impulse empfangen, um etwas in Gang zu bringen und andere zu motivieren. Sie haben einen ausgeprägten Sinn für das richtige Timing von Ideen und deren Umsetzung, daher brauchen sie keine Bestätigung von außen, um etwas zu erschaffen. Ihre Impulse kommen aus dem Inneren, es ist wie ein innerer Drang, ein Blitz oder eine Klarheit, dass etwas getan werden muss, auch wenn es vielleicht keinen Sinn ergibt oder niemand danach gefragt hat. Wenn ein solcher Impuls ankommt, dann wird sämtliche Energie freigesetzt, die gebraucht wird, um diesen Impuls in die Realität zu holen. Wenn Manifestorinnen im Einklang mit sich selbst sind, sind sie mit dem Fluss des Lebens verbunden und können in ihre kreative Schöpferkraft kommen.

Eine unübersehbare Kraft

Warum haben Manifestorinnen diese Kraft? Die Center in der Human Design Chart haben unterschiedliche Grundaufgaben. Eine Manifestorin trägt immer mindestens ein aktiviertes Center in sich, das pure Kraft und Power aussendet. Dieses Center ist wiederum mit dem Kehl-Center der Manifestorin verbunden und feuert dieses sozusagen an. Die Kehle ist der Ort in der Chart, an dem die Energie nach außen fließt. Mit dieser kraftvollen energetischen Kombination bringen Manifestorinnen also pure Kraft von innen nach außen. Auch wenn ihr Name das suggeriert – Manifestorinnen sind nicht die Einzigen, die »manifestieren« können. Doch im Human Design sind sie die Typen, die den Takt angeben. Das Manifestieren äußert sich bereits darin, dass Energie sichtbar gemacht wird und die innere Kraft im Außen Veränderung bewirkt. Durch ihren kraftvollen Ausdruck haben sie enormen Einfluss auf andere. Dieser Ausdruck ist in ihren Worten, in ihrer sehr direkten Sprache und in ihren klaren Handlungen zu finden. Ihre Kraft ist auch in ihrer Aura zu erkennen, mehr dazu gleich.

Manifestoren waren von jeher Anführer, viele Könige und Heerführer aus der Vergangenheit gehörten zu diesem Typ. Sie waren in der Lage, viele Menschen zu mobilisieren und den Ton anzugeben. Auf eine ganz natürliche Art und Weise wurde ihnen Respekt entgegengebracht, da sie energetisch auffielen. Manifestorinnen unserer Zeit wollen meist nicht mehr den Ton angeben, sondern einfach die Freiheit haben, ihr eigenes Ding zu machen. Sie wollen nicht unbedingt die Verantwortung für alle tragen und brauchen auch nicht mehr den Respekt oder die Anerkennung anderer. Doch durch ihr starkes Kehl-Center werden sie automatisch von anderen respektiert und wahrgenommen – manchmal auch zum Leidwesen der Manifestorin. Ich glaube, ich bin noch keiner Manifestorin begegnet, die das nicht kennt: Sie kommt in einen Raum und spürt, dass alle Anwesenden sie wahrnehmen. Sie fällt auf. Sie wird gesehen. Ob sie das möchte oder nicht. Wahrscheinlich geht nicht jeder in diesem Raum in Resonanz mit ihr, aber irgend etwas hat sich energetisch verändert. Je nachdem welche Erfahrungen eine Manifestorin gesammelt hat, kann sie das gut aushalten oder aber sie möchte sich am liebsten verstecken und untertauchen. Es ist wichtig, zu verstehen, dass diese Kraft da ist, egal ob man sie zu verbergen versucht oder nicht.

Je kleiner sich eine Manifestorin macht, desto disharmonischer wirkt ihre Energie auf andere Menschen. Sie kommt nicht in ihre Kraft, wenn sie es allen und jedem recht machen will. Damit dient sie keinem. Sie ist von ihrer inneren Kraft und Größe getrennt und dieser energetische Konflikt ist für andere spürbar. Daher ist es für Manifestorinnen wichtig, zu erkennen, dass sie in ihrer Größe sein dürfen. Sie dürfen auffallen und sie können lernen, es auszuhalten, wenn nicht jeder positiv auf sie reagiert. Manifestorinnen sind hier, um mit den für sie richtigen Menschen Resonanz zu erfahren. Und diese können sie nur finden, wenn sie sich erlauben, ihre eigene Energie auszuleben. Die Menschen, die nicht für ihren Weg bestimmt sind, werden sich abwenden, aber sie können eine Manifestorin niemals aufhalten.

Der eigenen Kraft vertrauen

Für eine Manifestorin ist es wichtig, ihren Impulsen zu folgen und ihre Kraft auszuleben. Tut sie das nicht, wird sie in ihr Lower Self kommen. Das bedeutet: Unterdrückt oder ignoriert sie ihre Impulse und ihre Kraft, kommen die Themen Wut und Ärger ins Spiel. Eine Manifestorin, die kleingehalten wird oder sich aus Angst, aufzufallen, selbst limitiert, wird wütend und zerstörerisch.

Meist beginnen Manifestorinnen sehr früh damit, sich kleinzumachen. Durch ihre kraftvolle Ausstrahlung können sie bereits als Kinder »zu viel« für Erwachsene sein. Möglicherweise werden sie abgelehnt und bekommen häufig Ärger. So lernen sie, dass es nicht gut ankommt, in der eigenen Kraft zu sein. Sie wollen vielleicht nicht mehr so wahrgenommen werden, sondern einfach nur in Ruhe gelassen werden. Dafür ist es sicherer, sich zurückzuhalten. Und dann beginnt diese Spirale, in der sich vor allem Frauen meist bis ins Erwachsenenalter befinden. Bloß nicht auffallen, bloß nicht zu viel sein. Die angestaute Kraft möchte sich aber irgendwie einen Weg bahnen. Daher kommt es oft zu körperlichen Beschwerden und energetischen Blockaden. Männer fühlen sich meist sicherer, in ihrer Kraft zu sein, doch auch sie können dazu gebracht werden, sich kleinzumachen.

Jede Manifestorin, die sich anpasst, anstatt mit ihren kraftvollen Impulsen verbunden zu sein, darf wieder lernen, dass es sicher ist, sie selbst zu sein. In seiner Kraft zu sein ist so viel wertvoller, als von jedem gemocht zu werden. Über unser Energiefeld spüren Menschen diese Kraft sowieso.

Eine kraftvolle Aura

Jeder Mensch besitzt ein Energiefeld, eine Aura. Und Manifestorinnen haben eine sehr kraftvolle Aura, die Menschen mobilisiert. Ihre Ausstrahlung ist undurchsichtig und macht es daher manchmal schwer, sie einzuschätzen. Doch in ihrem höchsten Ausdruck zieht genau diese kraftvolle und geheimnisvolle Ausstrahlung die richtigen Menschen an und lässt die falschen abblitzen. Genau daher ist es so wichtig, sich als Manifestorin zu erlauben, aufzufallen und in der eigenen Kraft zu stehen. Wie bereits gesagt – eine Manifestorin im Raum spürt man, das lässt sich nicht vermeiden. Damit haben Manifestorinnen immer einen Einfluss, ob sie wollen oder nicht. In ihrer Gegenwart kommen die Menschen, die für sie gedacht sind, in Bewegung, wollen loslegen und fühlen sich motiviert. Sie möchten die Manifestorin unterstützen und ihr helfen, ihre Impulse umzusetzen. Oder sie bewundern sie und feuern sie an. Menschen, die nicht für die Manifestorin gedacht sind, prallen an ihrer Aura ab, was ihnen die Kraft gibt, ihren eigenen Weg zu gehen. Manifestorinnen sind nicht dafür gemacht, von jedermann gemocht zu werden. Das hört sich zwar herausfordernd an, aber diese Erkenntnis kann gleichzeitig unglaublich befreiend wirken.

Impulse empfangen und in Frieden umsetzen

Wenn Manifestorinnen aufhören, im Außen nach Bestätigung zu suchen, und im Einklang mit ihrer Strategie leben, dann ist ihr Gefühl ein tiefer innerer Frieden. Ihre Impulse und die damit verbundene Schöpferkraft kommt dann spontan aus ihnen heraus, sodass andere Menschen manchmal nur schwer Schritt halten können. Du erinnerst dich: Die Ausstrahlung und Aura der Manifestorin ist undurchsichtig. Dies gilt verstärkt in den Momenten, wenn sie einem Impuls folgt. Als Außenstehender weiß man absolut nicht, was sich hinter der Fassade abspielt. Dazu kommt meist die enorme Schnelligkeit, mit der die Impulse auftauchen und umgesetzt werden.

Hier kommt die Strategie der Manifestorin ins Spiel. Das bedeutet in erster Instanz, Impulse zu empfangen und im Einklang mit der inneren Entscheidungsweisheit beziehungsweise Autorität umzusetzen. Doch wenn eine Manifestorin wie wild Impulsen folgt und dabei hinter ihrer Aura verschwindet, stößt das im Umfeld meist auf Unverständnis und Widerstand. Denn für die Mitmenschen wirkt es, als ob die Manifestorin in einer Staubwolke untergetaucht ist und niemand weiß, was passiert oder wann sie wieder auftaucht. Partner, Kollegen oder Freunde verstehen nicht, was jetzt schon wieder in die Manifestorin gefahren ist, sie reagieren mit Ratlosigkeit oder auch Wut. Daher ist der zweite Schritt der Strategie so essenziell – das Informieren.

Die Strategie der Manifestorin ist, Impulse zu empfangen und im Einklang mit der Autorität umzusetzen.

Informieren anstatt um Erlaubnis fragen

Wenn ich in meinen Sessions oder Kursen hier angekommen bin, sind die meisten Manifestorinnen erst einmal empört. »Wie – ich soll jetzt alles kommunizieren und muss ständig um Erlaubnis fragen?« Nein, so ist es nicht. Aber Dinge und Entscheidungen, die für andere eine Rolle spielen, solltest du denjenigen mitteilen. Und die Menschen, die dein Handeln direkt betrifft, sollten informiert werden. Wichtig ist: Es geht nicht darum, um Erlaubnis zu fragen oder jemanden um etwas zu bitten. Informieren bedeutet einfach, einen sachlichen Bericht über den Stand der Dinge zu geben. Je mehr die Manifestorin in ihrer Kraft steht, während sie die Informationen vermittelt, desto besser werden sie aufgenommen. Die Menschen, die den Impuls und dessen Implikationen inspirierend finden, können dann unterstützend wirken. Und den anderen wird meist der Wind aus den Segeln genommen.

Wenn eine Manifestorin beispielsweise den Impuls verspürt, Italienisch lernen zu wollen und nach Italien zu reisen, aber in einer festen Partnerschaft ist und ein gemeinsames Geschäft mit einer Freundin hat, dann könnte es gut sein, dass es Ärger gibt, wenn dies nicht kommuniziert wird. Sobald sich der Impuls im Einklang mit der Entscheidungsweisheit zeigt, kann die Manifestorin den Sprachkurs und die Reise buchen. Gleichzeitig sollten Partner und Freundin informiert werden. Die Information »Ich reise im Juni drei Wochen allein nach Italien« klingt dabei komplett anders als die Frage »Darf ich im Sommer allein verreisen?«. Die Menschen im Umfeld einer Manifestorin sollten wissen (oder durch Erfahrungen bereits gelernt haben), dass man einer Manifestorin so etwas nicht ausredet und dass es keinen Sinn hat, zu intervenieren. Ein solcher authentischer Impuls bringt Frieden und gleichzeitig Kraft für die Manifestorin und noch nicht abzusehende Veränderungen und Innovationen für all das, was noch kommen darf.

Gleichzeitig tut es Manifestorinnen gut, informiert zu werden. Für sie sind bei Entscheidungen weder Bestätigung noch lange Diskussionen notwendig, ob es sich um ihre eigenen oder um die Entscheidungen von Menschen in ihrem Umfeld handelt. Aber um auf Augenhöhe zu kommunizieren ist es gut, eine Manifestorin über ein Vorhaben zu informieren. Hier reicht ein »Ich bin nach der Arbeit noch im Fitnessstudio« oder »Heute Abend koche ich für uns«. Eine simple Information, die der Manifestorin hilft, die Situation einzuordnen und in

Freiheit Entscheidungen zu treffen, ohne andere dabei zu überrumpeln. Trotzdem muss gesagt werden, dass die Strategie des Informierens für Manifestorinnen keine natürliche ist, die meisten müssen sich erst daran gewöhnen. Vor allem wenn sie sich lange Zeit angewöhnt haben, lieber nichts zu sagen, halten sie die Informationen oft zurück.

Neue Wege gehen – eine neue Realität erschaffen

Dass eine Manifestorin Informationen zurückhält, hat meist zwei Ursachen. Zum einen möchte sie nicht riskieren, etwas verboten zu bekommen. Daher hat sie gelernt, dass es sicherer ist, im Verborgenen zu handeln und erst gar nicht Bescheid zu sagen. Zum anderen möchte sie nicht im Mittelpunkt stehen und hat sich angewöhnt, sich zu verstecken, um nicht in der eigenen Größe gesehen zu werden. Vielleicht hat sie häufiger Sätze gehört wie »Wer denkst du, wer du bist, dass du das machst?«, die Selbstzweifel gesät haben. Eine Manifestorin ist hier, um Großes zu erschaffen. Auf die Aussage: »Ich starte mein eigenes Unternehmen, um Gleichberechtigung für Frauen am Arbeitsplatz zu erschaffen«, wird vielleicht eine kleine Stimme in ihr flüstern: »Wer bist du schon, diese Veränderung zu bringen?« Ist sie sich ihrer Größe aber bewusst und spricht sie diese Information mit diesem Bewusstsein aus, wird sie Menschen finden, die sie in ihrer Mission unterstützen. Denn wie bereits besprochen – ihre Aura stößt die Menschen ab, die nicht für sie gedacht sind, und sie zieht die Menschen an, die mit ihr in Resonanz gehen. Die Vision einer Manifestorin gepaart mit der Begeisterung von Generatorinnen und Manifestierenden Generatorinnen sowie dem Potenzial für Führung von Projektorinnen und Reflektorinnen ist nicht aufzuhalten.

Mittlerweile durfte ich viele inspirierende Manifestorinnen kennenlernen, die ein eigenes Unternehmen haben. Wenn sie den Impuls verspüren, ein neues Angebot zu kreieren, kann es unglaublich kraftvoll sein, über dieses rechtzeitig zu informieren. Wird das Angebot im stillen Kämmerlein entworfen und niemand weiß davon, kann es sein, dass sich die Kunden erst wundern, warum die Manifestorin in ihrer Energie untergetaucht ist, dann von dem neuen Angebot überrumpelt sind und vielleicht erst einmal wenig damit anfangen können. Denke immer daran – die Aura wirkt besonders geheimnisvoll und undurchdringlich, wenn eine Manifestorin einem Impuls folgt. Informiert die Manifestorin hingegen ihre Kunden rechtzeitig darüber, dass sie etwas Neues plant, werden die Menschen gespannt warten und beobachten, wie das Angebot aussehen wird.

Für Manifestorinnen kann es manchmal spannend und gleichzeitig angsteinflößend sein, den eigenen Weg zu gehen. Denn sie sind ja hier, um Dinge auf innovative und neuartige Art und Weise zu tun. Sie gehen Wege, die noch niemand gegangen ist. Sie machen Dinge, wie sie noch nicht gemacht wurden. Eine Manifestorin, die kopiert, was jemand anders macht, wird damit selten erfolgreich sein und auch keinen Frieden darin finden. Eine Manifestorin, die sich traut, neue Wege zu gehen, ist hingegen pure Inspiration und kann Veränderung in ganze Berufssparten bringen.

Als Manifestorin kannst du der lebende Beweis sein, dass etwas anders funktioniert, als bisher gedacht. Lass dich daher nicht von irgendwelchen Regeln limitieren, sondern erschaffe deine eigenen. Und dann informiere die anderen über deine neuen Wege und gib ihnen damit die Chance, mitzugehen.

Pausen machen

Auch wenn die Manifestorin ihren Impulsen folgt, andere informiert und ihre Größe zulässt, gibt es noch eine weitere Falle, nämlich der Anspruch an sich selbst, immer funktionieren zu müssen. Es besteht ein großer Unterschied zwischen authentischen Impulsen folgen und dem Gefühl, immer beschäftigt zu sein, im schlimmsten Falle sogar dauerhaft gestresst oder ausgebrannt. Manifestorinnen arbeiten am besten in Sprints und brauchen ausgedehnte Pausen. Je nach Aktvierung in ihrer Chart, kann es für eine Manifestorin wichtig sein, auch längere Phasen ohne aktive Arbeit einzuplanen und genug Urlaub zu nehmen.

Wenn sie einen authentischen Impuls empfängt, steht in der Regel genug Energie zur Verfügung, um ihn umzusetzen. Erlaubt die Manifestorin sich aber keine Pausen, ist kaum Energie vorhanden, und es werden in den meisten Fällen gar keine Impulse durchkommen. Wieso sollte deine Energie dir etwas zeigen, das dich gegebenenfalls ins Burn-out bringt? Genauso kann es sein, dass sich ein Impuls zeigt, der Körper aber klar signalisiert, dass dafür keine Energie da ist. Das ist für Manifestorinnen besonders herausfordernd und sie können in ein dunkles Loch fallen. Für sie ist es also besonders wichtig, auf ihre Energiereserven zu achten. Genügend Pausen über den Tag verteilt, lange Zeiten ohne Arbeit im Laufe des Jahres, genügend Schlaf und Selbstfürsorge sind unumgänglich.

Niemand kann einen Marathon im Sprinttempo laufen. Und niemand erwartet das von dir – also plane zwischen den Sprints genug Erholung ein, damit dir für die wichtigen Impulse ausreichend Energie zur Verfügung steht.

Nicht jeder Impuls muss umgesetzt werden

Es ist wichtig, zu verstehen, dass Manifestorinnen nicht jeden Impuls allein umsetzen müssen. Ihre Aufgabe ist es, den Stein ins Rollen zu bringen, und wenn sie sich treu bleiben, ziehen sie, wie gesagt, die richtigen Leute in ihr Leben. Diese übernehmen den Stein meist nur allzu gern und bauen das Meisterwerk mit auf. Unterstützung ist vor allem bei großen Impulsen und Projekten unumgänglich und wichtig, um sich nicht zu verausgaben. Eine Manifestorin ist nicht hier, um einen Impuls das ganze Leben lang auszuführen. Sie ist hier, um eine Vielzahl an Impulsen zu empfangen und diese in die Welt zu bringen. Dafür müssen gewisse Projekte, Ideen und Umsetzungen manchmal pausieren oder stillgelegt werden oder eben an andere Menschen übertragen werden, die sie im Sinne der Manifestorin fortsetzen.

Dank ihrer Schnelligkeit kann es leicht passieren, dass eine Manifestorin sich zu viele Aufgaben auflädt oder im Job zusätzliche Arbeit auf ihrem Schreibtisch findet. Doch nur weil sie mit einer Aufgabe, für die andere vier Stunden brauchen, bereits nach einer Stunde fertig ist, heißt es nicht, dass sie die verbleibende Zeit mit Arbeit füllen muss. Vielmehr braucht sie diese Zeit, um den Akku aufzuladen und sich auf den nächsten Sprint vorzubereiten. Daher hier eine liebevolle Erinnerung für alle Manifestorinnen: Schnelligkeit muss nicht heißen, immer mehr zu machen.

Wenn gerade keine Impulse durchkommen, dann frage dich, ob du im Moment genug Energie zur Verfügung hast. Frage dich weiterhin, ob du bereit bist, neue Impulse zu empfangen und umzusetzen, egal was andere Menschen sagen. Sobald du diese beiden Fragen mit Ja beantworten kannst, bist du nicht zu stoppen, wenn der richtige Impuls kommt. Vertraue auf das richtige Timing. Wir brauchen die initiierende Kraft der Manifestorin auf dieser Welt, denn alle anderen Typen müssen von außen initiiert werden.

Zeit für Reflexion – verbinde dich mit deiner Kraft

Journalfragen für Manifestorinnen

- Vertraue ich meiner eigenen Größe und der inneren Weisheit, die mir zur richtigen Zeit, die richtigen Impulse sendet? Erlaube ich mir, meinen Impulsen Raum zu geben und dadurch das Leben zu kreieren, das mir entspricht?
- Wo habe ich noch Sorge, anzuecken oder aufzufallen, sodass ich nicht zu mir stehe, sondern mich kleinmache? Wie kann ich diese Momente als Lernaufgabe erkennen und mich entscheiden, das nächste Mal anders zu handeln?
- In welchen Momenten habe ich mich energiegeladen, kraftvoll und gleichzeitig friedvoll gefühlt?
- Informiere ich die Menschen in meinem Leben, wenn ich einen Impuls empfange und diesem folgen werde? Werde ich von meinen Liebsten informiert? Wie kann ich diese Art von Kommunikation in meinem Leben umsetzen?
- Gebe ich mir die Erlaubnis, Pausen zu machen und die Zeit zwischen meinen Impulsen und Energieschüben zu nutzen, um die nötige Energie zu tanken?

Affirmationen für Manifestorinnen

- Ich liebe es, meinen Impulsen zu folgen und darauf zu vertrauen, dass diese sich zur richtigen Zeit zeigen. Mit meinen Impulsen hinterlasse ich Spuren in diesem Leben und kann damit die Welt verändern.
- Ich bin hier, um mein eigenes Leben zu kreieren und noch nicht Dagewesenes zu erschaffen. Ich kreiere und inspiriere auf meine ganz eigene Art und Weise, die es so nur einmal auf der Welt gibt.
- Mir ist es wichtiger, authentisch zu sein, als zu gefallen. Ich lebe mein Leben, wie es mir entspricht, und ziehe dadurch die richtigen Menschen an. Je mehr ich mein wahres Ich zeige, desto besser wird mein Leben.

Erinnerung für Manifestorinnen

Als Manifestorin bist du auf dieser Welt, um mit deinen spontanen Impulsen die Welt zu verändern. Gehe deinen eigenen Weg, den noch niemand vor dir gegangen ist. Du darfst vollkommen in deiner Power stehen, um andere zu inspirieren und Großes zu bewegen!

DIE GENERATORIN

Thema: Freude, Meisterschaft und Erschaffen

Strategie: auf das Leben antworten und auf Möglichkeiten reagieren

Aura: leuchtend, umhüllend, anziehend und wärmend

Energetische Aufgabe: Lebensenergie generieren, indem Dinge getan werden, die Freude machen; anderen zeigen, was es bedeutet voller Freude zu erschaffen

Eigenschaften: ausdauernd, kraftvoll, kreativ, umsorgend, energiegebend, anziehend, voller Freude, Step-by-Step-Prozesse

Schatten: keine klaren Grenzen haben, zu viel für andere tun, gegen die eigene Freude handeln

Lower Self: Frustration

Higher Self: Zufriedenheit, Erfüllung und voller Energie

Verbreitung: etwa 37 Prozent der Gesellschaft

Die strahlende Umsetzerin, die anderen mit Freude Energie schenkt

Generatorinnen sind die ausdauernden und kreativen Schöpferinnen, die mit ihrer Energie Dinge zum Leben erwecken. Sie sind hier, um die ganze Welt zu erleuchten und mit ihrer strahlenden Energie Projekte umzusetzen und zu kreieren. Diese Lebensenergie kommt aus ihrem Sakral-Center (oft kurz »Sakral« genannt), das bei einer Generatorin immer definiert ist. Es ist die Quelle ihrer unerschöpflichen Kraft und Ausdauer, die es ihr ermöglicht, zu arbeiten, kreativ zu sein, zu erschaffen, sich um andere zu kümmern, für ihre Familie und ihr Umfeld einzustehen und diese zu versorgen. Im Sakral liegt auch die schier unglaubliche Leuchtkraft der Generatorin verborgen. Diese wird im Einklang mit ihrer Bauchstimme entfacht. Daher ist es für sie vor allem anderen wichtig, ihrem Bauch zu folgen. Was das bedeutet, erkunden wir in diesem Kapitel.

Im Human Design gilt das definierte Sakral-Center als der ausdauerndste Motor der Chart, seine nicht nachlassende Kraft gibt den Generatorinnen Antrieb. Es ist ein regenerativer Motor, der sich selbst immer wieder auflädt, indem Dinge gemacht werden, die Kraft brauchen, aber gleichzeitig Spaß machen und damit wieder Kraft geben. Gleichzeitig ist für dieses definierte Center eine gesunde Nachtruhe nötig, um in der Balance zu bleiben. Beschäftigt sich eine Generatorin tagsüber mit vielen Dingen, die ihr Freude machen, und gönnt sie sich genug Schlaf als Ausgleich, so wacht sie am nächsten Morgen mit einer schier unerschöpflichen Energie auf. Macht eine Generatorin hingegen zu viele Dinge, die ihre keine Freude bringen, sondern sie nur Kraft kosten und/oder hat sie auf die Dauer zu wenig Regenerationszeit, so kann das Sakral-Center auch degenerativ wirken. Es wird bald keine Energie mehr zur Verfügung stehen und die Generatorin fühlt sich ausgelaugt, müde und frustriert. An Kreativität und Schaffenskraft ist dann nicht zu denken.

Energieräuber erkennen

Hat die Generatorin ihre Schaffenskraft verloren, ist es wichtig, die darunter liegenden Muster zu erkennen und ehrlich mit sich zu sein. Welche Dinge gibt es, die aus Gewohnheit gemacht werden, aber Energie kosten? Wo opfert man sich selbst für andere auf, weil man nicht Nein sagen kann? In welchen Bereichen versucht man, es allen anderen recht zu machen, ohne auf das eigene Energielevel zu achten? Und wo folgt man dem Kopf und nicht der eigenen Energie? Das kann sich auf Hobbys beziehen, zum Beispiel macht man Yoga, weil es hip ist und gesund sein soll, dabei tanzt man viel lieber. Oder dieses Muster zeigt sich in der Ernährung, wo man sich jeden Tag einen Grünkohlsmoothie macht, obwohl der Körper nach Birnenmüsli verlangt.

Für eine Generatorin ist es wichtig, in den verschiedenen Lebensbereichen Energie zu generieren und achtsam mit dieser Energie umzugehen.

Ebenso kann es in Beziehungen herausfordernd sein, auf das Sakral zu vertrauen. Zum Beispiel fühlst du dich nach einem Treffen mit einer bestimmten Person immer ausgelaugt und antriebslos und wenn die besagte Person sich bei dir meldet, bist du eher ermüdet als erfreut.

Vielleicht seid ihr schon lange befreundet oder euch verbindet eine sehr spezielle Lebensphase. Das muss jedoch nicht bedeuten, dass diese Beziehung auch heute noch gut für dich ist. Das Energieniveau einer Generatorin hält ihr immer wieder den Spiegel vor und zeigt ihr, wo etwas nicht länger im Einklang mit ihr ist (oder niemals im Einklang war, sondern aus dem Verstand heraus entschieden wurde).

Aus dem Bauch heraus reagieren

Eine der größten Herausforderungen für Generatorinnen ist es, selbst zu erkennen, was für eine kraftvolle Energie und Ausstrahlung sie haben. Wenn eine Generatorin nämlich zu oft gegen ihr Bauchgefühl handelt, zu viel für andere tut und immer zu allem Ja und Amen sagt, kann sie sich wie bereits beschrieben trotz ihrer angeborenen Lebensenergie ausgelaugt und kraftlos fühlen. Viele Generatorinnen haben es sich angewöhnt, die Bedürfnisse aller anderen Menschen über die eigenen zu stellen. Sie haben in ihrer Kindheit zu oft Sätze wie »Das Leben darf nicht so leicht sein« oder »Arbeit muss hart sein, Spaß hat da nichts zu suchen« gehört. Diese Muster gilt es nun, mit dem Bewusstsein für die eigene Energie zu durchbrechen. Als Generatorin darfst du dir wieder angewohnen, Freude und Leichtigkeit ins Leben einzuladen. Je mehr du davon zulässt, desto mehr Energie wird freigesetzt. Im nächsten Schritt gilt es für dich herauszufinden, wofür diese Energie eingesetzt werden will. Wird sie richtig eingesetzt, kann diese Energie für dich arbeiten, wird sie nicht richtig eingesetzt, arbeitet sie gegen dich.

Gehen Generatorinnen einer Arbeit nach, die ihnen Freude bringt, und gestalten sie ihren Alltag mit Leichtigkeit und Spaß als Richtlinie, dann spüren sie tiefe Zufriedenheit und Erfüllung. Beschäftigen sie sich größtenteils mit Dingen, die ihnen Freude machen, gibt ihnen das Kraft und setzt noch mehr Energie frei. Sobald eine Generatorin mit etwas loslegt, das sie wirklich erfüllt, werden ihre Energie und Anziehungskraft noch stärker. Das Sakral-Center ist nicht nur die Quelle für Lebensenergie, sondern auch ein Kompass, wenn es darum geht, wie diese Energie einzusetzen ist. Dies meldet sich als starkes Bauchgefühl. Wenn etwas sich schlecht anfühlt, kann sich der ganze Bauch zusammenziehen, es kann sich als Bauchschmerzen, Übelkeit oder Durchfall manifestieren oder langfristig die Libido, die Geschlechtsorgane und die Menstruation beeinflussen. Wenn aber die richtigen Dinge auf die Generatorin zukommen und sie aus tiefstem Inneren Ja sagen kann, fühlte es sich kribbelig an und das gute Gefühl breitet sich im Bauch aus. In dem Moment wird Energie freigesetzt. Das heißt nicht, dass sie keine Zweifel oder Angst hat, aber es zeigt, dass die sakrale Energie sie in eine Richtung zieht. Der Leitfaden und Kompass im Leben einer Generatorin sollte immer ihr Bauchgefühl sein und nicht der Verstand. Wird dies zusammen mit der individuellen Entscheidungsweisheit (mehr dazu im Kapitel »Lerne deine Entscheidungsweisheit kennen«) beherzigt, ist eine Generatorin kaum noch zu stoppen und sie wird wundervolle Sachen kreieren.

Die Meisterschaft als Ziel

Sobald die Generatorin einmal in Fahrt gekommen ist, ist ihr Ziel die Meisterschaft. Es erfüllt sie zutiefst, eine Meisterin ihres Fachs zu werden. Die Dinge, die ihr Spaß machen, wird sie perfektionieren. Der Weg dahin kann etwas steinig sein, daher ist es umso wichtiger, dass sie die Entscheidung im Einklang mit der eigenen Energie trifft. Sagt die Generatorin einmal irgendwo zu oder verpflichtet sie sich einer Sache, fällt es ihr schwer, abzusagen oder die Verpflichtung nicht einzuhalten. Daher sollten solche Abmachungen mit Bedacht getroffen werden. Wenn dies der Fall ist, wird die Generatorin stets Schritt für Schritt ihren Weg gehen. Manchmal kommt sie sich im Vergleich zu anderen, beispielsweise den Manifestorinnen, langsam vor. Doch jeder Schritt auf ihrem Weg ist wichtig. Und wenn uns Human Design eines lehren sollte, dann dies: Vergleiche mit anderen sind sinnlos.

Obwohl Meisterschaft ein großes Thema für Generatorinnen ist und sie meist länger an einer Sache dranbleiben, heißt es nicht, dass man sich mit 20 Jahren festlegen muss, was man die nächsten 30 Jahre machen möchte. Meisterschaft kennt keine zeitliche Begrenzung und kein äußeres Maß. Hat eine Generatorin beispielsweise viel Freude am Kochen, so muss sie nicht die beste Köchin Deutschlands werden. Vielleicht schenkt es ihr einfach so viel Energie, dass sie dranbleibt und irgendwann ihren Freundeskreis mit leckersten Gerichten verwöhnt. Möglicherweise dauert dies zwei Jahre oder aber auch zehn. Hat sie ihr »Ziel« erreicht, kann die Generatorin weiterhin Freude am Kochen haben, es kann aber auch sein, dass sie zu nähen beginnt oder ein Musikinstrument lernt. Solange das Sakral-Center den Weg weist, darf sie sich dieser Reise hingeben. Doch nicht jede Reise verläuft ohne Störungen.

Das Generator-Plateau

Besonders herausfordernd kann es für Generatorinnen werden, wenn ein Projekt oder ein Vorhaben stagniert. Wenn sie sich voller Freude in etwas stürzen, aber nach kurzer Zeit scheinbar nicht mehr vorankommen. Dies nennt man das »Generator-Plateau«, und es ist Teil

des natürlichen Prozesses der Meisterschaft. Nachdem die ersten Stufen mit Leichtigkeit erklommen wurden, zeigt sich ein Stocken, ein Hindernis oder eine Blockade. Dieses Plateau schenkt der Generatorin zunächst eine kurze Pause. Aber vor allem ist es ein Moment, um zu reflektieren und zu entscheiden, ob der gewählte Weg noch der richtige für sie ist. Hat sie dies mit ihrem Bauchgefühl bestätigt, kann sie sich fragen, was sie auf dieser Etappe noch lernen darf, bevor es wieder weitergeht. Manchmal sind für den Prozess bestimmte Erkenntnisse wichtig, manchmal dürfen wir gewisse Glaubenssätze hinter uns lassen oder es zeigen sich neue Möglichkeiten.
In diesen Momenten des Plateaus sollten Generatorinnen aufpassen, dass sie nicht zu früh aufgeben. Nehmen wir das Beispiel der Generatorin, die gerade begonnen hat, ein Instrument zu lernen. Die ersten Wochen liefen super, doch dann kommt das Plateau und nichts scheint zu funktionieren. Am einfachsten wäre es nun, das Vorhaben aufzugeben und sich Dingen zu widmen, die ihr leichter von der Hand gehen. Dinge, die sie bereits gemeistert hat, oder etwas Neues, was ihr am Anfang wieder leichtfällt. Doch Meisterschaft kommt nicht daher, dass man bei den ersten Problemen einfach das Handtuch wirft. Vorausgesetzt, die Entscheidung, das Instrument zu lernen, wurde mit der Entscheidungsweisheit getroffen und ist aus einer Reaktion heraus entstanden, kann es sich lohnen dranzubleiben.
Ich habe schon viele Generatorinnen kennengelernt, die immer zu früh aufgegeben und nichts so wirklich durchgezogen haben. Das andere Extrem ist, es sich nicht zu erlauben, jemals etwas abzubrechen. Man neigt als Generatorin also entweder dazu, alles bis zum Ende durchzuziehen, auch wenn man selbst darunter leidet. Oder man wirft bei

jedem Hindernis gleich das Handtuch und lernt nie, an den wichtigen Dingen dranzubleiben. Anstatt sich dafür zu verurteilen, geht es darum, diese Muster zu erkennen und Heilung in diese Bereiche zu bringen. Mit dem Wissen, das uns Human Design schenkt, können wir nun neue Entscheidungen treffen und aus vergangenen lernen.

Ein Tanz mit dem Leben

Geduld ist eine der wichtigsten Tugenden für eine Generatorin. Geduld und Vertrauen in ihren eigenen Weg und ihre kreativen Fähigkeiten sollten jeder Generatorin mit auf den Weg gegeben werden. Wenn sie dies lebt, wird sie wahrhaft magnetisch. Dieser Magnetismus in ihrer Aura steht wiederum mit der Strategie in Verbindung: Die Generatorin sollte nicht aus sich heraus handeln, sondern reagieren. Das Sakral-Center, die Quelle der Lebenskraft, sollte die Basis für ihre Reaktion sein.

Das Sakral kann nur auf Impulse von außen reagieren, nicht aber auf Gedanken oder Vorschläge des Verstandes. Daher befindet man sich als Generatorin im fortwährenden Tanz mit dem Leben. Dieser Tanz wird bestimmt von einem Impuls und der sakralen Reaktion – dies ist die intuitive Antwort auf den Impuls – und dem Weg, der sich dadurch zeigt. Ein Impuls von außen kann alles sein, von einem Plakat mit einem Reiseziel über einen Song im Radio bis zur nebensächlichen Bemerkung einer Bekannten. Springt das Sakral bei dem Plakat an, könnte eine Reise anstehen. Reagiert der Bauch auf das Lied und erinnert dies an eine alte Freundin, dann sollte man sie vielleicht anrufen. Führt die nebensächliche Bemerkung der Bekannten über ein neues Restaurant zu einem Kribbeln im Bauch, dann könnte es das Richtige sein, das Restaurant zu besuchen.

Die sakrale Reaktion ergibt selten einen Sinn und sollte nicht überanalysiert oder rationalisiert werden. Der Bauch reagiert einfach mit Ja oder Nein – auch in Form von sogenannten sakralen Urlauten. Diese zeigen sich wie ein Mh-hm (manchmal begleitet von energischem Nicken und Körperreizen) für Ja und wie ein Mh-mh für Nein. Kommt keine Reaktion oder ein Vielleicht (Mhm) aus dem Bauch, ist das gleichbedeutend mit der Antwort Nein. Es ist nicht die richtige Möglichkeit oder noch nicht der richtige Zeitpunkt. Der Rest wird sich ergeben. Schritt für Schritt. Lässt man sich einmal auf diesen Tanz mit dem Leben ein, eröffnen sich unglaubliche Möglichkeiten und man lebt seine wahre authentische Energie aus. Wohin dieser Weg führt, weiß man im Moment nicht. Das Sakral-Center plant nicht voraus, aber man weiß ja sowieso nie, wie es im Leben kommt. Jedenfalls hat man unterwegs jede Menge Spaß und Freude und hinterlässt ein Leuchten.

Folgt die Generatorin nicht der sakralen Reaktion, also ihrer Bauchstimme, oder setzt sie ihre Lebensenergie dauerhaft für die »falschen« Projekte ein, dann wird sie mit dem Thema der Frustration konfrontiert. Frustration kommt immer dann auf, wenn das eigene Licht nicht zum Strahlen gebracht werden kann. Im Kleinen ist Frustration ein natürlicher Zustand des Generator-Daseins, und zeigt an, wo noch mehr auf die Bauchstimme vertraut werden darf, welche Projekte oder Beziehungen ausgedient haben und wofür nicht länger Energie zur Verfügung stehen sollte.

Von der Frustration zur Zufriedenheit

Wird Frustration aber zum beherrschenden Gefühl der Generatorin, so ist das Leben unglaublich anstrengend und ermüdend. Die Frustration zeigt sich in der Ausstrahlung, in der Erscheinung, sie durchzieht alle Beziehungen und alle Lebensbereiche, auch wenn diese nicht die Quelle dafür sind. Meist geht Frustration mit körperlicher Abgeschlagenheit und Energielosigkeit einher und so gerät man in einen Kreislauf, der schwer zu durchbrechen ist. Um sie überwinden zu können, muss die Quelle der Frustration ausfindig gemacht werden. Meist hat sie damit zu tun, dass die erschaffende Kraft der Generatorin nicht für die richtigen Dinge eingesetzt wird und sie wieder dabei ist, es allen anderen recht zu machen. Wenn es möglich ist, sollte man sich dieser Quelle entziehen, um wieder den Zugang zur Lebensenergie freizusetzen. Ist dies nicht möglich, sollte man versuchen, mehr Regenerationszeit oder mehr Ausgleich zu finden – Dinge, die das Sakral aufleuchten lassen. Auch durch Bewegung (die mit Freude gewählt wird) kann wieder einiges in den Fluss kommen.

Für eine Generatorin kann es außerdem wichtig sein, einen Fokus zu setzen. Ich sehe immer wieder kraftvolle Generatorinnen, die ausgebrannt sind, weil sie sich mit zu vielen Dingen beschäftigen. Selbst wenn ihnen jedes davon Freude macht, kann alles zusammen einfach zu viel sein. Da ihr Thema die Meisterschaft ist, brauchen Generatorinnen meist genügend Raum und Zeit, sich auf bestimmte Projekte zu fokussieren. Wenn sie sich verzetteln, verlieren sie zu viel Energie. Anders als bei den Manifestorinnen und Manifestierenden Generatorinnen, denen es meist guttut, verschiedene Projekte laufen zu haben, kann eine Generatorin meist nur eine kleine Anzahl Bälle in der Luft halten. Als Generatorin frage dich also immer, wie viele Bälle gerade in der Luft sind und wie viele du jonglieren kannst, ohne dass sie runterfallen. Die Anzahl variiert je nach Lebensphase, nach Dauer der Projekte und nach deinem eigenen Energieniveau. Du solltest dich aber nicht schlecht fühlen, wenn du nicht überall mithalten kannst. Die richtige Zeit wird kommen und dann kannst du in den Projekten oder Hobbys Zufriedenheit und Erfüllung finden.

Freude ins Leben holen

Ich bin selbst Generatorin und habe Human Design entdeckt, als ich gerade an meiner Masterarbeit für einen Studiengang schrieb, für den ich mich aus dem Kopf und nicht der Freude heraus entschieden hatte. Nachdem ich bereits ein Studium abgebrochen hatte, brachte ich es nicht über mich, diesen Schritt noch einmal zu tun. Wie ich oben beschrieben habe – wenn man als Generatorin einmal eine Verpflichtung eingeht, so kann man sich dieser schwer entziehen. Trotzdem war mir klar, dass es so nicht weitergehen konnte. Mein Nebenjob machte mir keinen Spaß und das Studium raubte mir alle Kraft und Energie. Also erschuf ich mir kleine zeitliche Räume, in denen ich anfing, meinem Bauch zu folgen und nur noch Dinge zu tun, die mir Freude machten. Wollte mein Kopf mich am Wochenende dazu überreden joggen zu gehen, weil ich mal wieder Sport machen sollte, stellte ich mir die Frage: »Willst du joggen gehen?« Kam ein Mh-mh oder kein klares Ja aus dem Bauch, so ging ich nicht joggen. Reagierte hingegen mein Sakral, wenn ich im Supermarkt an den leckersten Äpfeln und an Mandelmehl vorbeikam, wusste ich, dass es Zeit war, zu backen. Diese Stunde, die ich dann am Samstag mit Backen verbrachte, gab mir unglaublich viel Energie und Freude. Am Montag kam ich erfüllter zur Arbeit und so öffnete ich meiner sakralen Reaktion und der Freude wieder neue Wege in mein Leben. Je mehr Dinge ich tat, die mir Freude machten, umso mehr Energie hatte ich. Bis zu dem Punkt, als ich mein Studium abgeschlossen hatte und einem starken sakralen Mh-mh folgte, um meinen Job hinter mir zu lassen.

Was ich mit dieser kleinen Geschichte verdeutlichen möchte: Die Freude findet immer Wege, in dein Leben zu kommen, wenn du es nur zulässt. Du musst nicht von heute auf morgen dein ganzes Leben auf den Kopf stellen. Das kannst du natürlich machen, wenn es dafür der richtige Zeitpunkt ist, aber du musst es eben nicht tun. Je mehr Energie du zur Verfügung hast, umso mehr neue Möglichkeiten werden sich zeigen, auf die du reagieren kannst. Und im Prozess lernst du dich und dein Sakral-Center so gut kennen, dass du ein ganz neues Vertrauen in dich und das Leben aufbaust.

Andere zum Leuchten bringen

Für dein Umfeld kann es erst einmal herausfordernd sein, wenn du beginnst, Grenzen zu setzen oder Nein zu Dingen zu sagen, die du bisher immer gemacht hast. Versuche mit offenen Karten zu spielen, sei ehrlich zu dir und allen anderen. Dabei kann dich diese Erkenntnis unterstützen: Wenn du in deiner Kraft bist, schenkt dies auch allen anderen Energie. Und in deine Kraft kannst du nur kommen, wenn du dir erlaubst, mehr und mehr Nein zu den Dingen zu sagen, die dir Lebensfreude nehmen. Das bedeutet nicht, dass man auf einmal egoistisch durchs Leben geht, es hat nichts damit zu tun, dass man nur gewinnen kann, wenn alle anderen verlieren. Vielmehr ist es so: Wenn du gewinnst, gewinnen auch alle anderen. Stell dir einmal vor, dein Chef fragt dich, ob du an einem neuen Projekt mitarbeiten möchtest. Alles in dir sagt ganz klar Nein. Du hast weder die nötigen Kompetenzen noch die Energie, dir diese anzueignen oder dich einzuarbeiten. Hingegen gibt es eine Kollegin, die alle nötigen Kompetenzen besitzt und Interesse an dem Projekt hat. Meinst du nicht, dass alle davon profitieren, wenn du ein ehrliches Nein aussprichst und sie als Alternative vorschlägst? Das Gleiche gilt für dein privates Umfeld. Wenn du zu einem Treffen kommst, nur weil du »musst«, bringst du eine ganz andere Energie mit, als wenn du aus dem Bauch heraus zu einer Verabredung Ja sagst. Bei Letzterem bist du der Leuchtturm für alle und hast bestimmt schon mehr als einmal gehört, wie kraftspendend und inspirierend es ist, mit dir Zeit zu verbringen.

Du darfst lernen, zu verstehen, dass alle gewinnen, wenn du in deiner Kraft bist. Du bringst alle anderen zum Leuchten, wenn du deinem Bauchfeuer folgst. Dem Bauchgefühl zu folgen und Kontrolle abzugeben, ist vor allem zu Beginn meist unglaublich ungewohnt und unheimlich. Doch sobald man diesen Tanz mit dem Leben verstanden hat, gibt es nichts, was einen mehr bestärkt.

Zeit für Reflexion – entfache dein Bauchfeuer

Journalfragen für Generatorinnen

- Was bringt mir in meinem Leben am meisten Freude?
  Wann habe ich mich das letzte Mal voller Energie gefühlt?
- Habe ich schon einmal die Erfahrung gemacht, auf das Leben zu antworten und aus meinem Bauch heraus zu reagieren? Wenn ja, wie hat sich das angefühlt?

- Erlaube ich mir Grenzen zu setzen und ein authentisches Nein (Mh-mh) zu kommunizieren? Wo darf ich noch mehr auf meine sakralen Reaktionen achten?
- In welchen Lebensbereichen empfinde ich Frustration und wann zeigt sich diese? Gibt es Aspekte, die mir Kraft und Energie nehmen? Wie kann ich diese verändern und loslassen?
- Wie sieht mein perfekter Tag aus? Woran würde ich am liebsten den ganzen Tag arbeiten und werkeln?

Affirmationen für Generatorinnen

- Ich erschaffe aus purer Freude und im Einklang mit meinem Bauchgefühl genau das Leben, für das ich hier bin!
- Mit meiner Energie und meinem sakralen Feuer bringe ich die gesamte Welt zum Leuchten und schenke vielen Menschen Vertrauen und Wärme.
- Ich vertraue meiner tiefen Leidenschaft, die mich jeden Tag aufs Neue erfüllt, und erinnere mich immer wieder daran, dass die für mich richtigen Dinge in mein Leben kommen dürfen.

Erinnerung für Generatorinnen

Als Generatorin bist du auf dieser Welt, um deine strahlende Energie nach außen zu tragen. Du reagierst auf Impulse, bist kreativ und erschaffst dadurch Neues. Dabei vertraust du deinem Bauchgefühl und folgst deiner Lebensfreude bei jedem Schritt auf deinem Lebensweg.

DIE MANIFESTIERENDE GENERATORIN

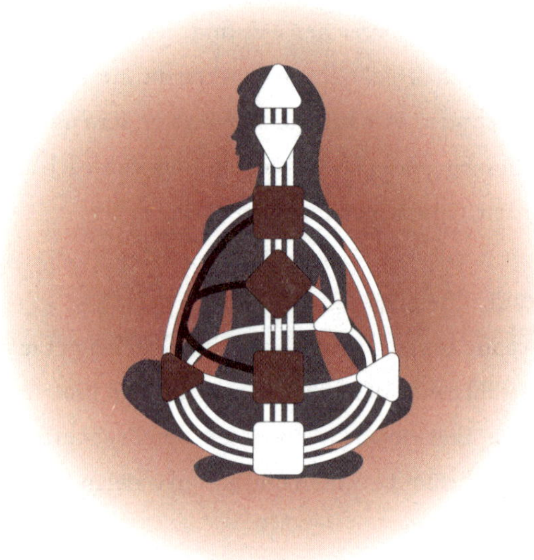

Thema: Vielfältigkeit, Energiebündel und Authentizität

Strategie: auf das Leben antworten, ausprobieren und informieren

Aura: leuchtend, mitreißend und neugierig machend, im Tun verschlossen

Energetische Aufgabe: Lebensenergie und Lebensfreude freisetzen, indem verschiedene Dinge ausprobiert werden; mit Schnelligkeit und Vielfältigkeit den kollektiven Entwicklungsprozess beschleunigen und dabei aufzeigen, dass der Weg nicht gerade sein muss, sondern facettenreich sein darf

Eigenschaften: freudvoll, kraftvoll, schnell, kreativ, vielseitig, energiegebend, anziehend, voller Freude, eigener Weg

Schatten: einem vorgefertigten Weg folgen, Freude und Vielseitigkeit unterdrücken
Lower Self: Frustration und Wut
Higher Self: Zufriedenheit, Erfüllung und voller Energie
Verbreitung: etwa 33 Prozent der Gesellschaft

Das kunterbunte, kreative und leuchtende Multitalent

Die Manifestierende Generatorin (kurz: MG) ist ein energetisches Wunderwerk. Sie bringt eine unglaubliche sakrale Kraft und Ausdauer mit und hat noch dazu eine enorme Kapazität, viele Dinge gleichzeitig umzusetzen oder anzustoßen. Traditionell wird die MG im Human Design den Generatoren zugeordnet. Erst in den letzten Jahren wurden klare Unterschiede herausgearbeitet, vor allem durch Lehrer und Mentoren, die sich bereits lange in ihrem Human Design Experiment befinden und die verschiedenen Energietypen im echten Leben beobachtet haben. Genau wie die Generatoren haben Manifestierende Generatorinnen immer ein definiertes Sakral-Center, das ihnen Lebenskraft und Leuchtfeuer schenkt. Durch diese sakrale Kraft sind sie so mitreißend und können unglaublich viel umsetzen. Und doch tragen sie auch eine Kraft in ihrer Chart, die ihnen ermöglicht, gleichzeitig vielfältige Projekte zu erschaffen und selbstständig ihren Weg zu gehen. Denn sie haben wie die Manifestorinnen eine kraftvoll definierte Kehle. **Da es durch das definierte Sakral, die ähnliche Strategie und Aura viele Überschneidungen mit der Generator-Energie gibt, werden dir manche hier aufgeführten Punkte bekannt vor-**

kommen, wenn du das Generator-Kapitel gelesen hast. Dennoch gibt es feine (aber wichtige) Unterschiede, weshalb ich mich entschieden habe, beide Typen separat zu behandeln.

Die Manifestierenden Generatorinnen sind genau wie die Generatorinnen hier, um mit ihrer Energie die ganze Welt zu erleuchten. Ihre Lebensenergie kommt aus ihrem definierten Sakral-Center, das die Quelle ihrer scheinbar unerschöpflichen Energie ist. Dieses Center bringt die Energie auf, zu arbeiten, kreativ zu sein, zu erschaffen, sich um andere zu kümmern, für seine Familie und seine Freunde einzustehen und sie zu versorgen. Daher wird dieses Center im Human Design als der ausdauerndste Motor der Chart bezeichnet. Das Sakral-Center ist ein regenerativer Motor, der sich von selbst wieder auflädt. Dieser Prozess läuft reibungslos, wenn sich eine MG erlaubt, möglichst viele Dinge zu tun, die zwar Kraft brauchen, aber gleichzeitig Spaß machen und damit wieder Kraft geben. Dabei ist ein Ausgleich von kreativem Erschaffen und gesunden Pausen, Nachtruhe sowie körperlicher Betätigung hilfreich, um das Sakral-Center nachhaltig zu nutzen und immer wieder aufzuladen. Zwingt sich eine MG dazu, den Tag mit Dingen zu vergeuden, die nur Kraft kosten und keinen Spaß bringen, oder limitiert sie sich in ihrer Vielfältigkeit und bleibt zu lange an Dingen dran, die keinen Mehrwert für sie haben, kann dies extrem an ihrem Energieniveau zehren. So kann sich auch eine kraftvolle MG träge und ausgebrannt fühlen. Dann hilft meist nicht mehr Ruhe und Entspannung, sondern sie sollte mehr Dinge in ihr Leben einladen, die Freude bringen. Die MG darf sich wieder für Neues öffnen und neugierig mit der Bauchstimme in Kontakt kommen. Wie das für sie aussieht, erkunden wir auf den nächsten Seiten.

Durch die Bauchreaktion in die Kraft

Durch das definierte Kehl-Center, das mit energiegebenden, kraftvollen Centern verbunden ist, besitzt die Manifestierende Generatorin eine starke Ausdruckskraft. In ihrer Lebenschart verbindet sich die sakrale Power des Generators mit der Manifestationskraft des Manifestors. Das bedeutet, dass die MG nicht auf andere angewiesen ist, sondern die Kraft hat, Dinge aus sich heraus anzusprechen oder anzugehen. Damit bestimmt sie die Richtung und das Timing von Projekten. Hierbei ist aber wichtig, zu beachten, dass es für eine MG besonders herausfordernd sein kann, sich nicht wie eine Manifestorin zu verhalten. Denn ihre ausdauernde und kreative Energie kommt durch die Reaktion aus dem Sakral-Center, nicht durch die Impulse. Wenn eine MG versucht, ohne diese sakrale Reaktion zu handeln, wird ihr wahrscheinlich nicht die nötige Energie zur Verfügung stehen, etwas wirklich Nachhaltiges zu erschaffen. Die Bauchstimme, die auf Möglichkeiten immer mit einem Ja (Mh-hm), einem Nein (Mh-mh) oder einem Vielleicht (Mhm) reagiert, gilt weiterhin als Kompass für die MG. Dieser Kompass zeigt ihr, wann und wo ihre Manifestationskraft eingesetzt werden möchte.

> Manifestierende Generatorinnen sind die vielseitigen, kreativen Schöpferinnen, die mit ihrer Energie Dinge zum Leben erwecken und anderen Kraft schenken, wenn sie im Überfluss vorhanden ist.

Wenn sie nicht auf diese Bauchreaktionen achtet, kann sich die MG leicht im Tun verlieren, wodurch sie sich wiederum schnell auf dem falschen Weg fühlt und ausbrennt. Dass sie nicht aus sich heraus den Impulsen folgen sollte, ist keinesfalls als Limitierung zu sehen. Wenn Generatorinnen und Manifestierende Generatorinnen auf diese sakrale Reaktion achten, dann sind sie die kraftvollsten und ausdauerndsten Typen, die es gibt. Denn kein anderer bringt diese starke und mitreißende Lebensfreude und Ausdauer mit, die es braucht, um Projekte anzufangen, durchzuziehen und zum Erfolg zu führen. Sobald eine MG aber handelt wie eine Manifestorin, verliert sie diese Power. Verbindet sie ihre kraftvolle Kehlkraft und ihre ausdauernde sakrale Energie, so hat sie schier unerschöpfliche Energie und gleichzeitig einen großen Einfluss auf andere. Im Human Design wird der Manifestor manchmal als absoluter Traumtyp gesehen. Deshalb ist mir hier wichtig, zu betonen: Es gibt es keinen besseren oder schlechteren Typ. Jede Chart trägt eine unglaubliche Kraft in sich, egal ob Manifestor, MG, Generator, Projektor oder Reflektor. Es liegt an uns zu verstehen, wie wir die uns gegebene Kraft nutzen können, und aufzuhören, uns zu vergleichen, zu bewerten und etwas anzustreben, was wir nicht sind.

Ein bunter Strauß aus Interessen und Talenten

Manifestierende Generatorinnen sind hier, um allen anderen Menschen zu zeigen, was es bedeutet, ein kunterbuntes Multitalent zu sein und scheinbar nicht zusammengehörige Talente und Interessen zu verbinden, zu überbrücken und dadurch einen ganz eigenen Weg in diesem Leben zu gehen. Ich beschreibe es gern so, dass eine MG einen ganz eigenen Weg folgt und am Wegrand Blumen einsammelt. Jedes Mal wenn sie abbiegt und wieder einem von außen kommenden Impuls aus dem Bauch heraus folgt, kommt sie an neuen Blumen vorbei. Am Ende hat sie einen bunten Strauß wunderschöner Blumen, den nur sie so sammeln konnte. Und auch wenn jede Blume für sich vielleicht etwas zufällig und verloren wirkt – in ihrer Synergie sind sie eine unglaubliche Schönheit.

Genauso ist es mit den Interessen und Talenten einer Manifestierenden Generatorin. Einzeln betrachtet ergibt es vielleicht keinen Sinn, warum ihre sakrale Reaktion sie dazu bringt, einen Malkurs zu machen, und wenig später interessiert sie sich plötzlich fürs Programmieren und lernt eine Programmiersprache. Einzeln betrachtet und in dem Moment bewertet, hat das nichts miteinander zu tun. Aber vielleicht ergibt sich nach einigen Schritten daraus, dass die MG eine Onlinekünstlerin wird, die Webseiten künstlerisch gestaltet und dabei sowohl die technische als auch die inhaltliche, kreative Seite abdeckt.

Ausprobieren und informieren ist wichtig

Wichtig für Manifestierende Generatorinnen ist es, immer aus dem Bauch heraus zu reagieren und nicht aus dem Kopf oder einer Gewohnheit heraus zu handeln. Genauso darf sie lernen, nicht zu initiieren (auch wenn der Drang meist stark ist). Ihre Strategie ist das Reagieren aufs Leben. Ohne die Bauchreaktion weiß die MG nicht, ob sie auf dem für sie richtigen Weg ist und ob gerade genug Energie zu Verfügung steht, um dieses Projekt, diese Verpflichtung oder diese Idee umzusetzen. Ein weiterer wichtiger Schritt für sie ist das Ausprobieren. Das Sakral-Center reagiert schnell, wenn sich eine neue Möglichkeit zeigt. Stell dir vor, in deiner Gegend öffnet ein neues Tanzstudio. Als MG siehst du einen Flyer und dein Sakral kribbelt – das ist das Richtige für dich. Du gehst zum Tag der offenen Tür, wo man

dir eine Jahresmitgliedschaft zum Supersonderpreis anbietet. Da dein Sakral-Center an Bord ist, könnte man meinen, dass dieses Schnäppchen quasi selbsterklärend ist, natürlich greifst du zu.
Doch spinnen wir dieses Szenario weiter. Du gehst zu deiner ersten Tanzstunde. Dort hast du viel Spaß und lernst jede Menge, merkst aber schon während dieser ersten Stunde, dass du kein weiteres Mal kommen möchtest. Du hast die Erfahrung gemacht, wegen der du dich so angezogen gefühlt hast. Vielleicht möchtest du bald eine neue Sportart ausprobieren, vielleicht findest du etwas, das du länger machen möchtest. Aber ohne dass du es ausprobierst, wirst du es nicht wissen.
Gehen wir noch einmal ein paar Schritte zurück. (Ich weiß – das mögen Manifestierende Generatorinnen gar nicht, aber manchmal ist es eben wichtig für das Verständnis.) Du bist beim Tag der offenen Tür des Tanzstudios und trotz cleverer Werbung holst du dir kein Jahresabo, sondern buchst eine Probestunde. Zu dieser kommst du voller Freude und erlebst dasselbe wie im ersten Szenario. Eine Tanzstunde reicht dir, um die Erfahrung gemacht zu haben. Nun kannst du ohne Verpflichtungen oder schlechtes Gewissen das Tanzstudio verlassen und dankbar für das Erlebte sein. Du vertraust deinem Sakral-Center, dass es dir den nächsten Schritt zeigen wird.
Die Generatorin hat das Thema der Meisterschaft und macht bei der Umsetzung ihrer Projekte einen Schritt nach dem anderen. Die Manifestierende Generatorin ist hingegen auf der Überholspur unterwegs, anstatt von A nach B zu gehen, springt sie direkt mal fünf Felder weiter und holt nur bei Bedarf die nötigen Schritte nach. Wenn die erste sakrale Reaktion den Hinweis gegeben hat und es sich nach der Phase des Ausprobierens bewährt hat, dann kann auch eine MG an den rich-

tigen Dingen dranbleiben. Sie kann sich unglaublich an einer Sache festbeißen und ist dann für Außenstehende kaum zu erreichen. Hier verändert sich auch die Aura, sie ist nicht mehr offen und anziehend, sondern geschlossen. Es ist schwer, hinter die Fassade schauen, ähnlich wie bei einer Manifestorin.

Daher kommt hier das dritte Element der Strategie ins Spiel: das Informieren. Hast du etwas für dich gefunden, was deine Zeit und Energie in Anspruch nimmt, sprich mit deinem Umfeld darüber. Genau wie bei der Manifestorin geht es nicht darum, um Erlaubnis zu fragen, sondern darum, anderen Menschen mitzuteilen, woran man gerade arbeitet oder welche Entscheidungen man getroffen hat. Da die MG so schnell voranstürmt, bekommen Außenstehende oft gar nicht mit, in welche Richtung sie gesaust ist. Das kann zu Missverständnissen und Ärger führen. Es ist wichtig für die MG, ihren eigenen Weg zu gehen und sich nicht davon abbringen zu lassen. Daher sollte sie die anderen über ihren Weg informieren und diese sollten die MG dann ihr Ding machen lassen. Denn sobald die MG ihren bunten Blumenstrauß sammeln kann und durch die Freude auf dem Weg Energie freigesetzt wird, profitieren alle davon.

Die Vielfältigkeit ausleben

Viele Manifestierende Generatorinnen erlauben sich ihre Vielfältigkeit nicht. Vielleicht wurde ihnen früh gesagt, dass man sich für einen Weg entscheiden müsse. Man könne nicht wie ein Hansdampf in allen Gassen unterwegs sein. Das Ganze macht sich traditionell auch nicht so gut im Lebenslauf. (Das hat sich mittlerweile etwas geändert, Vielfältigkeit wird immer häufiger positiv bewertet.) Viele Manifestierende

Generatorinnen berichten mir auch, sie hätten gelernt, dass es egoistisch sei, wenn sie ihrer Bauchstimme folgen würden. Oder es wurde ihnen gesagt, sie müssten sich einfach mal durchbeißen, auch wenn etwas nach dem Ausprobieren keine Freude mehr macht. Hat eine MG allerdings einmal aufgehört, ihrer Bauchstimme zu folgen, so dauert es seine Zeit, diese wieder zu entdecken. Es ist ein Heilungsprozess, die Themen und Dinge, die nicht mehr passen, loszulassen und neu für sich zu definieren, was Erfüllung schenkt und Freude bereitet.

Vertraut die MG ihrem eigenen Weg, so zieht ihre magnetische und leuchtende Aura die richtigen Menschen und Möglichkeiten an.

Das Vertrauen bei jedem Schritt auf dem eigenen Weg ist für die MG essenziell. Denn das Sakral-Center reagiert nur, wenn von außen ein Signal gesendet wird oder wenn eine neue Abzweigung auftaucht. Diese Reaktion kann weder geplant werden, noch ist in diesem Moment klar, wo ihre Bauchstimme sie in den nächsten Stunden, Tagen und Wochen hinführen wird. Da die MG oft Schritte überspringt, gelten hier noch weniger die »Regeln«, die wir gesellschaftlich ach so gern vorgeben. Das heißt, sobald sich der Verstand einmischt oder von außen interveniert wird, kommt die MG vom Weg ab.

Mit verschiedenen Bällen jonglieren

Wenn sich eine MG erlaubt, im Einklang mit der sakralen Reaktion zu leben, wird sie wahrlich magnetisch. Dieser Magnetismus in ihrer Aura steht wiederum mit der Strategie in Verbindung: Die MG zieht durch ihren Magnetismus Dinge und Möglichkeiten in ihr Leben, worauf das Sakral reagieren kann. Diese Dinge kann sie ausprobieren und wenn sie sie erfüllen, wird sie sie weiterführen. Bis sich die nächste Möglichkeit in ihrem Feld zeigt und sie erneut die Gelegenheit hat, zu reagieren. Daher ist die MG im permanenten Austausch mit dem Universum. Man kann es sich so vorstellen, als ob die MG mit verschiedenen Bällen jongliert. Kommt der richtige Ball zur richtigen Zeit, dann ist genügend Raum und Energie vorhanden, um mit ihm zu jonglieren. Als MG kann man meist mehrere Bälle gleichzeitig in der Luft halten. An irgendeinem Punkt ist aber auch hier ein Limit erreicht und einige Bälle können, wenn sie ausgedient haben, mit Leichtigkeit wieder ans Universum abgegeben werden. An dieser Stelle möchte ich noch einmal betonen, dass die Strategie der Manifestierenden Generatorin immer die Reaktion und nicht die Initiation ist. Eine Reaktion zeigt sich auf Impulse von außen. Das bedeutet also, dass die Bälle von außen auf sie zukommen und sie dann aus dem Bauch heraus entscheiden darf, welche sie annehmen und welche weiterwerfen oder fallen lassen möchte. Auch wenn sie einen Ball vorerst angenommen hat, er ihr aber nach dem Ausprobieren nicht gefällt, darf sie sich entscheiden, ihn weiterzugeben. So ist dieser Prozess ein wundervolles Spiel mit dem Universum, das einem als MG immer neue bunte Bälle zuwirft, wenn man lernt zu vertrauen und der Freude zu folgen.

Frustration, Ärger und Wut

Folgt die MG hingegen nicht der sakralen Reaktion, führt das zur Frustration. Dies ist auch der Fall, wenn sie an Dingen dranbleiben muss, die ihr eigentlich gar nicht entsprechen und die bereits nach der Phase des Ausprobierens ausgedient hatten. Sprich, wenn sie einen Ball, den sie gar nicht haben möchte, behalten und mit den anderen in der Luft halten muss. Wenn zu viele solcher Bälle im Spiel sind, dann kann es so weit kommen, dass die MG irgendwann alles fallen lässt, da sie müde und ausgelaugt ist. Auch eine MG, die sich gegen die eigene Energie stellt, die sich zwingt, sich auf nur eine Sache zu fokussieren und damit ihren Facettenreichtum nicht auslebt, kann mit Frustration reagieren. Neben der Frustration ist dauerhafte Abgeschlagenheit und Motivationslosigkeit ein Zeichen, dass nicht mit der sakralen Kraft kreiert wird. Siehst du bei dir solche Anzeichen, solltest du in einem ersten Schritt die Bälle, die aktuell in deinem Leben präsent sind, evaluieren. Sind zu viele darunter, die nicht passen? Dann darfst du schauen, welche du loslassen möchtest. Oder hast du dich limitiert und eingeengt und spielst nur mit einem Ball? Dann öffne dich für neue Möglichkeiten und reagiere auf die, die mit dir in Resonanz gehen. So kannst du deine Energie wieder entfachen. Im Kleinen ist Frustration ein natürlicher Zustand der Generator-Typen, und zeigt an, wo noch mehr auf die Bauchstimme vertraut werden darf und wofür nicht länger Energie zur Verfügung stehen sollte. Nimmt die Frustration aber überhand, so kann sie dir nicht nur dein eigenes Leben schwer machen, sondern beeinflusst auch Menschen in deinem Umfeld.

Eine weitere Möglichkeit ist, dass die MG es sich nicht erlaubt, ihren Facettenreichtum auszuleben und in ihrem eigenen Tempo voranzugehen, sondern sich anpasst. Dann können Wut und Ärger aufkommen und sich intern, also in ihrem Energiefeld und in ihrem Körper manifestieren. Genauso kann aber eine MG, die gerade in einem Projekt aufgeht und Raum und Zeit vergisst, Wut und Ärger auf sich ziehen.

Denn wenn sie in ihrem Prozess ist und in ihr unglaublich schnelles Tempo anschlägt, verschließt sich ihre Aura und ist nicht mehr durchschaubar. Daher ist es für Manifestierende Generatorinnen sinnvoll, andere zu informieren, bevor sie auf die Überholspur wechseln. Wenn sie Bescheid geben, was gerade passiert, fühlen die anderen sich nicht überrannt und machen zudem die Überholspur frei. Denn sie wissen, dass die Lebensfreude, die generiert wird und die Projekte, die in dieser Energie entstehen, so unglaublich wertvoll für diese Welt sind.

Zeit für Reflexion – entfalte deine Superpower

Journalfragen für Manifestierende Generatorinnen

- Welche Dinge in meinem Leben erfüllen mich zutiefst mit Freude und geben mir Energie? Wann habe ich mich das letzte Mal energetisch und begeistert gefühlt?
- In welchen Lebensbereichen empfinde ich im Moment noch Frustration oder Ärger, und wann zeigt sich das? Gibt es Aspekte, die mir Kraft und Energie nehmen? Wie kann ich diese loslassen, um neuen Raum zu schaffen?
- Neige ich noch dazu, aus mir heraus initiieren zu müssen? Habe ich gelernt, dass ich alles selbst angehen muss, weil sonst nichts passiert? Wenn ja – wie kann ich diese Gewohnheit verändern?
- Habe ich schon einmal die Erfahrung gemacht, auf das Leben zu antworten und aus meinem Bauch heraus auf neue Möglichkeiten zu reagieren? Wenn ja, wie hat sich das angefühlt?

- Vertraue ich mir, wenn ich Schritte überspringe und in meinem eigenen Tempo unterwegs bin? Schaffe ich es, in diesem Momenten bei mir zu bleiben und meinen Fokus von der gesellschaftlichen Norm zu trennen, um im Einklang mit meiner Energie zu erschaffen?

Affirmationen für Manifestierende Generatorinnen

- Ich erschaffe aus purer Freude und im Einklang mit meinem Bauchgefühl genau das Leben, für das ich hier bin!
- Ich vertraue meinem Sakral-Center, dass es mir den Weg zeigt und mir auf jedem meiner Schritte zur Seite steht. Ich liebe es, jeden Tag in Begeisterung und Leidenschaft aufzugehen, und erinnere mich daran, dass die für mich richtigen Dinge bereits auf mich warten.
- Ich lasse alle Pläne, jedes Sollte, Müsste oder Könnte los und vertraue dem einzigartigen Fluss meines Lebens. Mein Leben ist ein einzigartiges Kunstwerk, dass kreiert werden möchte und so nur einmal existiert.

Erinnerung für Manifestierende Generatorinnen

Als MG bist du auf dieser Welt, um Lebensenergie freizusetzen, indem du verschiedenste Dinge ausprobierst, die dir Freude machen. Du zeigst der Welt, dass der Weg nicht gradlinig sein muss. Dabei folgst du bei jedem Schritt deiner Freude und vertraust deinem Bauchgefühl.

DIE PROJEKTORIN

Thema: Leadership, Effizienz, Effektivität, Nachhaltigkeit und Weisheit

Strategie: Anerkennung für die eigenen Gaben erhalten, die richtigen Einladungen im Leben bekommen

Aura: intensiv, durchleuchtend, sehen ihr Gegenüber energetisch

Energetische Aufgabe: Energie leiten, Prozesse optimieren, nachhaltiger und effizienter machen; die energetischen Grundlagen erkennen, um eine neue Welt zu gestalten, andere anleiten, diese umzusetzen

Eigenschaften: intuitiv, feinfühlig, sehen andere in ihrer Tiefe, weise, effektiv und effizient, sehen neue Möglichkeiten und Wege, begabt

Schatten: initiieren, besserwisserisch und uneingeladen etwas mit anderen teilen, keine Pause machen

Lower Self: Bitterkeit, Ablehnung

Higher Self: Erfolg und Anerkennung, Selbstliebe

Verbreitung: 20 Prozent der Gesellschaft

Leaderin einer neuen Zeit

Projektorinnen haben eine ganz besondere Rolle in dieser Welt. Sie sind die Leaderinnen einer neuen Zeit. Für sie ist es sehr bestärkend, ihre Human Design Chart zu kennen, denn Projektorinnen haben trotz, oder vielleicht gerade wegen, ihrer Fähigkeit, andere in ihrem Wesenskern zu sehen, meist einen blinden Fleck – und dieser betrifft sie selbst. Es fällt ihnen schwer, die eigenen Gaben und Talente zu erkennen. Daher kann es für sie sehr aufschlussreich sein, sich mehr mit sich und der eigenen Energie zu befassen. Ihre besondere Energie ist auf gesellschaftlicher und historischer Ebene noch sehr neu und sie unterscheiden sich enorm von den bereits besprochenen Typen.

Im Human Design sind Projektorinnen die neuesten Typen. Sie sind auf diese Welt gekommen, um die Energie der anderen Typen zu leiten. In den letzten 100 Jahren hat sich das Bewusstsein der Menschheit stark verändert, wir haben uns als Menschheit so schnell weiterentwickelt wie nie zuvor. Aufgrund dieser Entwicklung, für die neue Wege aufgezeigt werden müssen, sind die Projektorinnen hier. Traditionell werden sie im Human Design als Nicht-Energie-Typen beschrieben, was vermuten lässt, dass sie keine eigene Energie haben. Das stimmt absolut nicht. Projektorinnen können die vielfältigsten Kombinationen an Aktivierungen in der Lebenschart mitbringen und sehr wohl selbst Energie aufbringen oder Energie im Außen verstärken. Daher nenne ich sie im Holistischen Human Design Light-Energie-Typen.

Eine besondere karmische Aufgabe

Obwohl Projektorinnen Energie aus sich heraus mitbringen können, sind sie nicht auf dieser Welt, um permanent zu tun. Damit stehen sie im klaren Gegensatz zu den Manifestorinnen mit ihrer starken Initiationskraft oder den Generatorinnen und Manifestierenden Generatorinnen, die die Ausdauer des Sakral-Centers besitzen. Wenn Projektorinnen versuchen, mit allen anderen mitzuhalten, wird sich das energetisch und gesundheitlich negativ auswirken. Sie dürfen lernen, achtsam mit ihren Energien umzugehen und sich dabei mit Liebe und Achtung zu begegnen. Anstatt permanent zu arbeiten und zu tun, dürfen sie verstehen, dass ihre karmische Aufgabe eine andere ist.

Projektorinnen sind unglaublich feinfühlig. Sie können wahrnehmen, ob und wie Energie fließt, und sie erkennen besser als alle anderen Typen, wo und wie man etwas effektiver, effizienter oder nachhaltiger gestalten könnte. Projektorinnen verkörpern eine große Weisheit und gehen achtsam mit ihren Mitmenschen wie auch mit ihrer Umgebung um. Sie haben die Gabe, Dinge anders zu sehen und zu hinterfragen, und eine neue Art, Dinge rüberzubringen. Viele von ihnen können Systeme, die es ihnen erlauben, die Welt einzuordnen, schnell verstehen und meistern. Beispielsweise befassen sich sehr viele Projektorinnen beruflich und auch privat erfolgreich mit Human Design, Astrologie oder dem Enneagramm-System. In Verbindung mit ihrer Fähigkeit, sich tief in andere hineinzuversetzen und gleichzeitig Geschehnisse und Energieflüsse aus der Vogelperspektive zu betrachten, helfen ihnen solche Systeme, das Gesehene in Worte zu fassen. Diese Fähigkeit ist nicht auf spirituelle oder bereits bestehende Systeme begrenzt. Projektorinnen haben auch die Gabe, eigene Systeme zu entwickeln und aus dem, was sie über ihre einzigartige Energie wahrnehmen, Neues zu gestalten und in Gang zu bringen.

Individuelle Begabungen

Zwar bringt jede Projektorin diesen tiefgehenden Blick mit, doch die Gaben, die darin mitschwingen, sind komplett verschieden. Vielleicht siehst du, wie Muster entstehen und bist dadurch eine begabte Designerin. Oder du kannst besonders aufmerksam zuhören und hast die Gabe, dass sich andere in deiner Gegenwart öffnen. Deine Begabung ist vielleicht, Geschichten aufzunehmen und aufzuschreiben und damit andere zum Nachdenken zu bringen.

Jede Projektorin besitzt einen ganz eigenen Mix an Gaben. Ob du diese in deiner Human Design Chart abliest oder wahrnimmst, was dir im Alltag leichtfällt und wofür du anerkannt wirst, ist egal. Wo auch immer du gerade in deinem Leben oder in deinem Human Design Experiment stehst: Du trägst diese Gaben bereits in dir. Frage dich: Für welchen Rat kommen Leute gewöhnlich zu mir? Zu welchem Thema werde ich immer wieder ausgefragt? Wo habe ich bereits eine Expertise? Und welche Themen faszinieren mich? Fragen wie diese können dir helfen, wahrzunehmen, wo deine Talente liegen. Lass die Fragen in deinem Alltag mitschwingen und beobachte, wie sich dein Bewusstsein erweitert und worauf dich das Leben stößt.

> Projektorinnen haben die
> besondere Fähigkeit,
> das Gesamtbild zu sehen
> und gleichzeitig die Talente
> anderer im Detail zu erkennen.

Achte jedoch drauf, zu unterscheiden, wo du bisher ungefragt Ratschläge erteilst (entgegen deiner Strategie) und wo du eingeladen wirst, zu teilen (im Einklang mit deiner Strategie). Um dies für dich besser einzuordnen, ist es wichtig, die komplexe Strategie der Projektorin zu verstehen. Darauf werde ich weiter unten im Abschnitt »Das Konzept der Einladung« noch ausführlich eingehen.

Zu Selbsterkenntnis anleiten

Da Projektorinnen die Fähigkeit haben, das Gesamtbild zu sehen und gleichzeitig die Talente anderer im Detail zu erkennen, können sie Menschen auf eine sehr besondere Art und Weise begegnen und vorhandene Potenziale herausarbeiten. Sie sind großartige Vermittler, Administratoren, Coaches, Consultants, Lehrer, Mediatoren und Berater, aber nicht, indem sie Anweisungen erteilen, sondern indem sie anderen Raum geben und die richtigen Fragen stellen, um das Gespräch und die Energie zu leiten. Genau das ist ein wesentliches Merkmal einer Projektorin. Es geht nicht darum, mit Zwang, Dominanz oder aus einer Machtposition heraus Energie zu leiten, sondern darum, hinter die Erfahrung des anderen zu blicken, die Erfahrung der Gruppe aus einer übergeordneten Perspektive wahrzunehmen und dann Fragen zu stellen, die den Beteiligten helfen, diese Perspektive ebenfalls einzunehmen. Eine Projektorin, die dies erkannt hat, kann mit einer einzigen Frage das komplette Weltbild eines anderen im positiven Sinne auf den Kopf stellen. Genauso kann sie ein Projekt mit einer einzigen Frage in neue Bahnen lenken.

Die energetischen Grenzen verstehen

Wie oben bereits beschrieben, bringt jede Projektorin ihre individuellen Gaben mit, jede hat eine ganz spezielle Art, die Welt zu betrachten. Allerdings haben sie oft Schwierigkeiten, ihre Gaben und den Wert ihrer Sichtweise zu erkennen. Dabei sind die Selbsterkenntnis und die Anerkennung der eigenen Talente ein wichtiger Schritt in ihrer Entwicklung. Denn wenn sie nicht die Anerkennung oder Einladung bekommen, ihre Gaben und ihren einzigartigen Blick auf die Welt zu teilen, werden sie nicht gehört oder gesehen. Doch machen wir ein paar Schritte zurück, bevor wir auf das Konzept der Einladungen eingehen.

Projektorinnen kommen mit sehr tiefgehenden Erkenntnissen auf diese Welt und sehen meist bereits in ihrer Kindheit viel Potenzial für Veränderung und Verbesserung. Doch die Projektor-Kinder werden selten gehört. So lernen sie früh, dass ihr Blick auf die Welt nicht wertvoll ist und dass sich niemand dafür interessiert. Sie besitzen weder die Ausdrucksstärke noch die Ausdauer, sich nachhaltig durchzusetzen, und damit geht viel Potenzial verloren.

Sie lernen schnell, dass in unserer Gesellschaft nur diejenigen gehört und gesehen werden, die sich durchsetzen und ihre Meinung einfach raushauen. Das fängt in der Schule an, in der mündliche Beteiligung und aktives Einbringen honoriert wird, und es geht weiter in der Ausbildung und im Job, wo meist der belohnt wird, der am lautesten brüllt. Probiert man das als Projektorin, wird man nur noch mehr Abweisung spüren oder seine eigenen energetischen Grenzen überschreiten. Für andere fühlt es sich einfach falsch an, wenn eine Projektorin auf Biegen und Brechen versucht, Anerkennung zu bekommen. Es ist wie ein aufdringlich blinkendes Neonschild an einem Laden, um das man einen großen Bogen macht. Je mehr die Projektorin um Anerkennung kämpft, umso mehr Ablehnung wird ihr entgegengebracht. Es entsteht ein Teufelskreis: Je mehr sie probiert, mit ihrer besonderen Perspektive, ihren Gaben und Erkenntnissen gehört und gesehen zu werden, umso mehr Ablehnung erfährt sie. Das macht müde und verbittert.

Den Teufelskreis durchbrechen

Es ist entscheidend für die Projektorin, den Teufelskreis zu durchbrechen. Der erste Schritt ist die Selbsterkenntnis, dass sie dieses Spiel mit diesen veralteten Regeln gar nicht gewinnen kann. Der nächste Schritt ist, zu erkennen, dass sie eine wertvolle Einsicht, besondere Gaben und Talente mit auf diese Welt bringt. Für diese darf sie sich Raum und Zeit nehmen, denn sie wollen kultiviert und vertieft werden. Das Anerkennen der eigenen Talente, die Erkenntnis, dass diese weder selbstverständlich noch nebensächlich sind, und die damit verbundene Selbstliebe verändert viel für die Energie der Projektorin. So kann es ihr gelingen, den Teufelskreis, in den sie auf der Suche nach Anerkennung im Außen geraten ist, zu durchbrechen.

Viele Projektorinnen glauben, sie müssten immer Energie haben, immer aktiv sein, immer arbeiten. Sie übernehmen sich energetisch und gehen auch über ihre körperlichen Grenzen, um mitzuhalten. In diesem Modus kann sich die Energie nicht entfalten, es geht nur ums Überleben. Doch es ist wichtig, zu verstehen: Pausen zu machen und das eigene Wohlergehen über alles andere zu stellen ist Teil der Anerkennung der eigenen Gaben und der Selbstliebe.

Ein neues Bewusstsein

Wir wissen nun, dass Selbstliebe, Anerkennung der eigenen Gaben und Pausen wichtige Schritte sind, um den Teufelskreis der Suche nach Anerkennung zu durchbrechen. Das Energiefeld der Projektorin erholt sich. Aus dem grellen, aufdringlich blinkenden Neonschild wird eine wunderschön gestaltete Anzeigetafel, die Aufmerksamkeit auf sich zieht. Nimmt sich eine Projektorin zurück, stellt sie ihr Wohlergehen in den Vordergrund und erkennt, was sie der Welt zu schenken hat, dann werden sich die richtigen Menschen für ihre Erkenntnisse öffnen. Die Projektor-Aura ist nämlich dafür gemacht, Anerkennung anzuziehen und einzuladen.

Stellen wir uns vor, dass die Projektorin, der zuvor immer um Anerkennung gekämpft hat, nun mit dem neuen Bewusstsein zur Arbeit kommt. Anstatt ungefragt ihre Meinung zu äußern, nimmt sie sich zurück. Sie ruht in dem Bewusstsein, dass sie etwas Wertvolles beizutragen hat. Sie beobachtet in Ruhe das Geschehen, die Besprechungen und wie sich das Projekt entfaltet. Je mehr sie sich zurücknimmt, umso neugieriger werden andere darauf, was sie dazu beizutragen hat. Sobald sie gefragt und eingeladen wird, ihre Erkenntnisse und Einsichten zum Projekt zu teilen, wird sie wirklich gehört. Das, was sie zu sagen hat, bringt eine wahre Veränderung und kann das Projekt in neue (effektivere, effizientere, nachhaltigere) Bahnen lenken. Die Projektorin erfährt Anerkennung, sie spürt, wie es sich anfühlt, gehört zu werden und erlebt damit Erfolg auf der beruflichen Ebene. Dies beschreibt bereits das Mysterium der »Einladung«, um die es bei der Projektor-Strategie geht.

Das Konzept der Einladung

Betrachten wir das Konzept der Einladung noch einmal näher und in verschiedenen Lebenssituationen. Die meisten Fragen, die mich in meinen Workshops und Kursen erreichen, haben etwas mit diesem Konzept zu tun. Es ist teils mystisch und energetisch feinfühlig zu verstehen und doch auch so unglaublich praktisch und weltlich – wie so vieles im Human Design. Die erste Verwirrung kommt bereits bei dem Begriff »Einladung« auf. Denn hier handelt es sich nicht unbedingt um einen schönen Brief mit Schnörkelschrift, der in deinen Briefkasten flattert (kann es aber). In diesem Konzept geht es vielmehr um eine energetische Einladung und ein tiefes Erkennen, dass du genau die Richtige bist, für ein Projekt, eine Aufgabe, einen Ratschlag oder eine Partnerschaft. Es geht darum, Anerkennung zu erfahren.

Das Konzept der Einladung hat verschiedene Ebenen. Die Einladung auf der beruflichen Ebene haben wir bereits besprochen: Anstatt dass du ungefragt und lauthals sofort allen deine Erkenntnisse und Einsichten mitteilst, wartest du darauf, nach deiner Meinung gefragt zu werden. Aber auch in privaten Beziehungen spielt die Einladung eine wichtige Rolle. Im Human Design wird gesagt, dass es für Projektorinnen wichtig ist, korrekt in Beziehungen einzutreten. Das bedeutet, du wirst in die Beziehung eingeladen, jemand macht den ersten Schritt und zeigt dir, dass du die Richtige für die Freundschaft, Partnerschaft oder Zusammenarbeit bist. Wenn du jetzt feststellst, dass nicht alle deine Beziehungen auf diese Art und Weise begonnen haben, ist das nicht weiter wichtig. Viel wichtiger ist, ob du dich in diesen Beziehungen gesehen und anerkannt fühlst. Diese Anerkennung sollte für dich das Hintergrundrauschen all deiner Beziehungen sein.

Außerdem sollte in Beziehungen ein gesunder Energieaustausch stattfinden. Wenn eine Freundin dir immer nur von den eigenen Problemen erzählt, dich aber weder um Rat fragt noch etwas für dich tut, dir zum Beispiel zuhört oder dich unterstützt, ist die Beziehung im Ungleichgewicht. Herrscht in eurer Freundschaft jedoch eine gesunde Balance zwischen Geben und Nehmen und erkennt ihr einander an, dann hört ihr einander zu. Du hörst ihr zu, wenn sie von Ihren Problemen erzählt – und vermutlich wirst du für jedes Problem eine Lösung haben, manchmal schon bevor dir deine Freundin davon erzählt hat. Ob du diese Lösung teilst, hängt wieder von der energetischen Einladung ab. Gibst du deiner Freundin ungefragt und bevor sie bereit ist, einen Rat, wirst du wahrscheinlich nicht gehört und automatisch abgelehnt. Denn deine Freundin ist nicht bereit für deine Weisheit, lehnt den Rat ab oder er kommt gar nicht bei ihn an. Am Ende sind alle Beteiligten unzufrieden mit dem Austausch. Bevor du also deine Lösung teilst, nimm wahr, ob dein Gegenüber bereit dafür ist, diese zu hören, und ob genug Platz im Energiefeld ist, damit sie wirklich ankommt. Vielleicht ist deine Freundin noch zu gefangen in den Beschwerden über ihren Job und kann noch nicht hören, dass sie sich einen anderen suchen könnte.

Neben der Offenheit und der Bereitschaft, eine Lösung zu hören, ist es wichtig, dass die Person erkennt, dass du genau die Richtige bist, einen Rat zu geben und dass du die Weisheit besitzt, dieses Problem mit ihr zu lösen. Kommen diese Faktoren zusammen, kann deine Projektorinnen-Energie nachhaltige Veränderungen herbeiführen. Fragt die besagte Freundin, die unzufrieden mit ihrem Job ist, beispielsweise »Wie denkst du darüber?« oder »Was würdest du mir raten?« ist die Bereitschaft sowie die Anerkennung gegeben. Eure Beziehung wird eine komplett neue Ebene erreichen.

Die größte Herausforderung für Projektorinnen ist hier meist, dass sie schon früh wahrnehmen, dass etwas schiefläuft, und sie nichts sagen können, auch wenn sie erahnen, dass Menschen in ihrem Umfeld oder auch Projekte sich in eine falsche Richtung bewegen. In einer engen Freundschaft kannst du vorsichtig fragen: »Darf ich dir einen Rat geben?« Doch wenn du merkst, dass keine Bereitschaft und Offenheit da sind, dann ist es das Beste für alle, wenn du dich zurückhältst. Dir darf bewusst werden, dass jeder Mensch für seine eigene Entwicklung gewisse Erfahrungen machen muss. Als Außenstehende können wir selten sehen, warum genau diese Erfahrung auf dem Lebensweg liegt. Viel wichtiger ist es, als Projektor selbst zu erkennen: Ja, ich sehe da eine Lösung und wenn ich gefragt werde, bin ich bereit, diese zu teilen.

Die Einladung beim Dating

Das Konzept der Einladungen gilt auch für Liebesbeziehungen und für das Dating. Hier werde ich oft gefragt, wie man als Projektor einen Partner finden soll, wenn man nur zu Hause sitzt und auf Einladungen wartet. Hier kann ich dich beruhigen. Denn ein wichtiger Aspekt ist die Tatsache, dass du dich authentisch sichtbar machen musst, um eine Einladung zu bekommen. Für die Authentizität ist es wichtig, dass du weißt, wer du bist, was du erwartest und was du als Projektor brauchst. Für die Sichtbarkeit ist es wichtig, dass du mitteilst, dass du eine Partnerin oder einen Partner suchst. Ob du dich bei einer Dating-App anmeldest oder im Bekanntenkreis erzählst, dass du bereit für eine neue Beziehung bist. Genauso kannst du in deinem Umfeld darauf achten, ob dir Menschen begegnen, die mit dir in Resonanz gehen, und dich auch hier authentisch zeigen. Nimm wahr, in welchen Kontexten du dich gesehen und erfolgreich fühlst und welche Kontexte dich Energie kosten und du dich verbittert fühlst. Wenn du zum Beispiel bei einer Dating-App ein gutes Gefühl hast, bei einer anderen hingegen nur Energie gezogen wird, dann vertraue da deiner Intuition.

> Ist die Projektorin im Einklang mit sich, zieht sie ganz natürlich Einladungen und Anerkennung an.

Einladungen und Anerkennung werden vor allem kommen, wenn du dir bewusst bist, welche Talente und Gaben du mitbringst, und wenn du diese in deinem Leben ausbaust und optimierst. Wahrscheinlich wirst du verschiedene Interessen haben – bremse und hinterfrage dich hier nicht, sondern folge deiner Neugier und werde immer besser. Mit der starken Selbsterkenntnis im Rücken, wird es dir leichterfallen, dich authentisch zu zeigen, und damit wirst du die richtigen Einladungen anziehen. Denke immer daran, dass dein Energiefeld genau dafür gemacht ist: Wenn du im Einklang mit dir bist, ziehst du auf eine ganz natürliche Art und Weise Einladungen und Anerkennung an.

Sichtbarkeit und Authentizität

Im Human Design wird betont, dass klare Einladungen vor allem in den großen Lebensbereichen wie Beruf, Wohnort, Reisen, Partnerschaft und Freundschaften eine Rolle spielen. Als Projektorin brauchst du aber keine Einladung, um einkaufen zu gehen, ins Kino zu gehen oder dich in einem Yogastudio anzumelden. Vielleicht wird dir über eine Einladung ein Wink gegeben, du wirst zum Beispiel gefragt: »Hast du Lust, mit mir zum Yoga zu kommen?« oder: »Ich würde gern mit dir ins Kino gehen.« Aber sei dir immer bewusst, dass du in diesen alltäglichen Dingen auf nichts und niemanden warten musst. Du brauchst auch keine Einladung, um ein neues Hobby auszuprobieren oder selbst ein Business zu starten. Gerade die letzteren Punkte können unglaublich kraftvoll für einen Projektor sein, wenn das Hobby oder die Selbstständigkeit mit den eigenen Gaben verbunden ist und einen zutiefst erfüllt.

Auch im Kontext der Selbstständigkeit geht es um Sichtbarkeit: Du darfst dich mit deinen Talenten zeigen. Um deine Kunst auszustellen oder deine Produkte oder deinen Service anzubieten, braucht du nur das tiefe Bewusstsein und Vertrauen, dass deine Talente gebraucht werden. Doch wenn du dich zeigst, dann spüre nach, ob der Raum (ob analog oder digital) der richtige für dich ist und du dich dort authentisch fühlst. Teilst du deine Kunst beispielsweise auf Facebook, fühlst dich dort aber unwohl, dann sind vielleicht Instagram oder LinkedIn bessere Optionen für deine Sichtbarkeit.

Für einen Projektor ist Kaltaquise nicht zu empfehlen. Denke an das nervige Neonschild. Wenn du potenziellen Kunden aber die Möglichkeit gibst, ganz einfach mit dir in Kontakt zu treten, zum Beispiel über ein Kontaktformular oder eine gut sichtbare Telefonnummer, und jemand fragt dich an, kannst du voll und ganz in deine Kraft kommen. Hier ist wieder die nötige Anerkennung da. Dieser Mensch erkennt, dass genau du die Richtige bist für sein Anliegen.

Von der Bitterkeit zum Erfolg

Als Wegweiser dafür, ob du im Einklang mit deiner Strategie lebst, kann dir dein Lower-Self-Thema dienen: Bitterkeit und Ablehnung. Zu initiieren und aufdringlich auf etwas zu beharren, fühlt sich für Projektorinnen nicht korrekt an und ist oft sehr ermüdend. Es führt zu Verbitterung und Erschöpfung. Wenn du verbittert bist, fühlst du dich nicht gesehen und abgetrennt von der Welt. Du merkst, dass du mit deinen Gaben nicht anerkannt wirst, und fährst den Stachel aus. Wendet sich die Verbitterung nach innen, so bist du selbst unglaublich hart mit dir und zweifelst deinen Wert an. Nach außen wirkt die Verbitterung abweisend und so wird es für Menschen energetisch noch schwerer, dich einzuladen. Es ist, als ob sich eine unsichtbare Wand zwischen dich und andere stellt. Darum ist es auch essenziell, dieses Gefühl der Bitterkeit wahrzunehmen und seine Quelle ausfindig zu machen. Bist du im beruflichen Kontext wieder ins Initiieren geraten, weil du dich sonst nicht gesehen fühlst? Ist die Beziehung zu einer Freundin ins Ungleichgewicht geraten und du dienst nur noch als emotionaler Mülleimer, kannst aber selbst nichts einbringen? Dann ist es an der Zeit, etwas zu verändern.

Verbitterung kann sich bei Projektorinnen auch zeigen, wenn sie ihre eigenen Grenzen nicht beachten. Das undefinierte Sakral kann kurzzeitig Energien verstärken und dadurch können Projektorinnen meist sehr gut in Sprints arbeiten. Je nach Lebensphase, je nachdem wie sehr du deine Gaben lebst und wie viel Energie du mitbringst, kannst du große Projekte umsetzen. Aber als Projektorin darfst du lernen, dass es nicht darauf ankommt, wie viel man leistet, sondern was man mit seiner einzigartigen Sichtweise beitragen kann. Auch wenn es sich nicht intuitiv anfühlt – je weniger du probierst, dich zu beweisen und zu leisten, desto erfolgreicher fühlst du dich. Je weniger du probierst, andere Leute von deinen Ansichten zu überzeugen, und umso mehr du die Menschen auf dich zukommen lässt, die deine Weisheit ehren, desto erfolgreicher fühlst du dich. Gleichzeitig ist dein Erfolg im Außen nicht abhängig von dem Zeitaufwand für ein Projekt, sondern davon, dass du es effizient, effektiv und nachhaltig umsetzt.

Sich unterstützen lassen

Es gibt eine wichtige Sache, die Projektorinnen auf ihrem Weg meist lernen dürfen: nach Unterstützung zu fragen sowie zu delegieren. Aussagen wie »Ich schaff das alles allein« oder »Ich mach das am besten selbst« sind meist klare Anzeichen dafür, dass du früher oder später über deine Grenzen gehst. Du bist nicht hier, um alles allein zu machen. Frage dich, in welchen Lebensbereichen du dir Unterstützung wünschst und wie diese Unterstützung aussehen kann. Im Job kann es ein Gespräch mit deinem Chef sein, in dem du klar ausdrückst, dass die aktuellen Aufgaben deine zeitlichen Kapazitäten übersteigen. In der Familie kann es bedeuten, den Partner mehr mit ins Boot zu holen oder nach Möglichkeiten zu schauen, wie man Unterstützung von außen bekommen kann. Sei es eine Haushaltshilfe, die dich regelmäßig unterstützt, oder eine befreundete Mutter, die einmal die Woche für einen Nachmittag die Kinder nehmen kann.

Auch wenn du sie gerade noch nicht siehst – erinnere dich, es gibt immer eine Möglichkeit. Sobald du dich dafür öffnest, wird sich früher oder später eine Lösung zeigen und dann gilt es nur noch, diese im Einklang mit deiner Entscheidungsweisheit anzunehmen oder eben nicht. Denke daran, dass Glaubenssätze wie »Ich muss immer produktiv sein« oder »Ich müsste mehr schaffen« meist gesellschaftlich geprägt sind und dass du diese loslassen darfst. Damit ermutigst du auch andere Menschen, den Status quo zu hinterfragen, und erfüllst deine Aufgabe, eine neue Welt zu schaffen.

Zeit für Reflexion – entschlüssle deine Projektor-Gaben

Journalfragen für Projektorinnen

- Sehe ich meine eigenen Gaben und Talente und vertraue darauf, dass ich etwas Wichtiges auf dieser Welt beizutragen habe?
- Welche Balance zwischen Geben und Nehmen herrscht in meinen Beziehungen? Bei welchen Menschen fühle ich mich wirklich gesehen?
- Gehe ich über meine energetischen Grenzen? Welche Dinge nehmen mir Energie und in welchen Lebensbereichen spüre ich die Verbitterung?
- Wo in meinem Leben bin ich bereits intuitiv meiner Strategie gefolgt? Welche Einladungen (egal wie groß oder klein) kamen bereits in mein Leben? Wie hat sich das angefühlt?
- Traue ich mich, kompromisslos meiner Strategie zu folgen? Vertraue ich darauf, dass mein Energiefeld die richtigen Einladungen und Menschen anzieht, ohne dass ich dafür über meine Grenzen gehen muss? Welchen Glaubenssatz darf ich noch loslassen, um der Strategie zu folgen?

Affirmationen für Projektorinnen

- Mein Wert ist unabhängig davon, wie viel ich arbeite oder leiste. Ich bin wertvoll, so, wie ich bin, und mein einzigartiger Blick auf diese Welt ist das größte Geschenk für mich und andere.
- Ich öffne mich dafür, dass die richtigen Einladungen in mein Leben kommen und erlaube mir so, meine Gaben mit der Welt zu teilen.
- Ich bin wertvoll und meine Gaben werden auf dieser Welt gebraucht. Ich ziehe die richtigen Menschen und Möglichkeiten in mein Leben, die meine Gaben sehen und mir ermöglichen, diese auszuleben.

Erinnerung für Projektorinnen

Als Projektorin bist du auf dieser Welt, um andere in ihrem Wesenskern zu sehen und Energien auf eine sanfte Art zu leiten. Du durchblickst alte Systeme und kannst neue und effizientere Konzepte schaffen. Du bringst besondere Gaben mit, die auf dieser Welt gebraucht werden. Trau dich, dich zu zeigen und schaue, welche Einladungen du annehmen möchtest.

DIE REFLEKTORIN

Thema: Feinfühligkeit, Heilung bringen, Ungleichgewicht aufzeigen
Strategie: initiiert werden durchs Leben und durch andere, abwarten und einfühlen (im Einklang mit dem Mondzyklus)
Aura: spiegelnd, reflektierend, teflonartig, abweisend und absichernd
Energetische Aufgabe: den Zustand der Gesundheit und der Energie des Kollektivs reflektieren, um Missstände aufzuzeigen und Heilung zu bringen
Eigenschaften: intuitiv, feinfühlig, empfänglich, verständnisvoll, gleichzeitig robust, kraftvoll, weise, heilsam
Schatten: keine Trennung zwischen der eigenen Energie und der Energie von anderen; »Weltschmerz« auf die eigenen Schultern nehmen
Lower Self: Enttäuschung, Über-Anpassung
Higher Self: sich vom Leben überraschen lassen, Gesundheit
Verbreitung: etwa 1 Prozent der Gesellschaft

Die feinfühlige Heilerin

Etwa einer von hundert Menschen ist ein Reflektor. Damit sind Reflektorinnen die seltensten Typen im Human Design. Wenn sie Human Design kennenlernen und erfahren, welcher Typ sie sind, ist das für sie meist ein großes Aha-Erlebnis. Denn in der Regel haben sie bereits ihr ganzes Leben gespürt, dass sie anders ticken und mit ihrer Energie stark aus ihrem Umfeld herausragen. Sie stehen schließlich tagtäglich mit den anderen Typen im energetischen Austausch.

Von den rund 8 Milliarden Menschen auf der Erde sind etwa 80 Millionen Reflektoren, also rund 1 Prozent. Wenn man bedenkt, dass sie die Aufgabe haben, Heilung in die Welt zu bringen, indem sie Missstände spiegeln und aufzeigen, ist das eine große Aufgabe für diesen kleinen Anteil. Man kann es aber auch so sehen: Reflektoren sind so unglaublich kraftvoll, dass wir für diese Aufgabe nur dieses eine Prozent brauchen.

Wenn wir Reflektorinnen als die »Heilerinnen« der Gesellschaft sehen, dann ist es so, dass eine Reflektorin die Kapazität hat, etwa hundert Menschen auf diesem Weg zu begleiten. Jedoch sind dem tatsächlichen Wirkungskreis von Reflektoren keine Grenzen gesetzt. Es gibt Reflektoren, die Millionen von Menschen erreichen und durch ihre Energie in die Heilung bringen. Für eine Reflektorin kann es sehr wegweisend sein, die eigene Kraft zu entdecken und zu erkennen, dass ihre Energie auf dieser Welt gebraucht wird. Bildlich gesprochen ist eine Reflektorin die weise Frau im Dorf, die immer weiß, was bei allen Bewohnern los ist, und die als wichtigste Ansprechpartnerin die Balance und ganzheitliche Gesundheit des Dorfes aufrechterhält.

Energetische Offenheit

Auf den ersten Blick kann die Human Design Chart einer Reflektorin langweilig wirken und es kann der Eindruck entstehen, dass nicht viel los ist. Aber in Wahrheit ist dies nicht nur der seltenste, sondern auch der komplexeste Typ im Human Design. Reflektorinnen haben kein farbig definiertes Center in ihrer Chart – sie ist also größtenteils weiß, mit Ausnahme der definierten Tore, die schwarz und rot an die Center angrenzen. Diese definierten Tore – Potenziale – geben jeder Reflektorin eine einzigartige Note und wirken wie Verstärker ihrer eigenen Energie. Jede Reflektorin hat andere Potenziale, die ihr helfen, ihre Energien auszuleben und mit der Umwelt zu interagieren. In ihren Centern sind sie hingegen immer offen und sie nehmen ihre Umwelt intensiv durch diese auf. Doch sie nehmen sie nicht nur auf, sondern verstärken und spiegeln die Umwelt, da jedes undefinierte Center ein Spiegel und eine Verstärkung für Impulse und Energien von außen ist. Jedes undefinierte Center setzt wie ein Vergrößerungsglas den Fokus auf einen anderen Aspekt des Menschseins. Durch dieses Vergrößerungsglas werden alle Ebenen dieser Energie im Außen (von einzelnen Menschen, aber auch auf kollektiver Ebene) wahrgenommen und verstärkt. Kommt eine Reflektorin beispielsweise in eine emotional stark aufgeladene Situation, in der viel Druck herrscht, so wird sie diese wahrnehmen, aufnehmen und sich selbst auf einmal sehr emotional fühlen. Gleichzeitig hat sie mit dem Wissen über ihre Offenheit die Kapazität, sich von diesen Emotionen zu lösen und sie dem Gegenüber aufzuzeigen. Dies passiert meist automatisch durch die Präsenz der Reflektorin. Genauso kann eine Reflektorin in ein Gespräch verwickelt werden, in dem ihr Gegenüber viele mentale Ängste und

Fragen hat. Ist sie sich ihrer eigenen energetischen Offenheit nicht bewusst, kann sie diese mentale Unsicherheit in sich aufnehmen und verstärken. Hat sie jedoch das Bewusstsein für ihre energetische Kapazität, wird sie die Ängste und Fragen des Gegenübers wahrnehmen und ihm direkt einen Spiegel vorhalten – so kann die mentale Überlastung aufgelöst werden. Gleichzeitig verliert die Reflektorin sich nicht selbst und kann die Ängste und Fragen loslassen, die nicht zu ihr gehören, vor allem, wenn sie sich energetisch entfernt. Reflektorinnen spüren und sehen mehr als jeder andere Typ, wo etwas gut läuft und wo etwas völlig in die Hose geht, und sie haben das Potenzial, eine tiefe Weisheit zu entwickeln.

Anderen den Spiegel vorhalten

Unsere Aura, unser Energiefeld, ist die stärkste Präsenz, die andere von uns wahrnehmen, und bei der Reflektorin ist die Aura wie ein riesiger Spiegel. Ob sie das will oder nicht – die Reflektorin wird Menschen mit ihren eigenen Themen konfrontieren. Hier liegt das Potenzial für Heilung, denn alles, was aus dem Unbewussten geholt wird und ins Bewusstsein übergeht, kann transformiert werden.

Wie in den Beispielen beschrieben, können verschiedene Ebenen von der Reflektorin aufgenommen und gespiegelt werden – von Emotionen, Zweifeln, Fragen zu Glaubenssätzen und Ängsten. Trägt jemand beispielsweise unbewusst jede Menge Wut in sich, kann er oder sie nichts an der Ausgangssituation verändern, denn die Wut ist verborgen. Wird diese Wut aber an die Oberfläche geholt und wird man sich dieser bewusst, dann ist es möglich zu schauen, woher sie kommt. Dafür kann der Kontakt mit einer bewussten Reflektorin wegweisend sein und den Menschen auf diese innere Thematik aufmerksam machen. Vielleicht haben wir hier einen Manifestor, der sich zu stark an sein Umfeld anpasst und nicht den eigenen Impulsen folgt. Allein kann er die Wut möglicherweise gar nicht bewusst anschauen, doch die Reflektorin holt diese an die Oberfläche. Sobald die Wut als Katalysator für Veränderung gesehen und die Ausgangssituation transformiert wird, kann sich auch die Wut wandeln – hierbei unterstützt die Reflektorin energetisch den Prozess, einfach indem sie da ist. Eine Generatorin trägt möglicherweise jede Menge Frustration in sich, die unter der Oberfläche brodelt. Erkennt sie, dass ein starker emotionaler Konflikt dahintersteckt, durch den sie nicht auf ihr Bauchgefühl vertraut, kann diese Thematik an der Wurzel geheilt werden. Auch hier arbeitet die Reflektorin als energetischer Spiegel. Dieser Prozess ist meist nicht so angenehm und die Reflektorin, die anderen allein durch ihre Präsenz den Spiegel vorhält, wird möglicherweise zu stark mit hineingezogen. Daher ist es umso wichtiger für Reflektorinnen, sich mit Menschen zu umgeben, die sich ihrer selbst bewusst sind, Verantwortung für die eigenen Themen übernehmen und ihnen guttun. Wenn eine Reflektorin gelernt hat, damit umzugehen und sehr stabil in ihrer eigenen Energie steht, versteht sie auch, dass sie einfach nur der Spiegel ist und die Themen gemeint sind.

Abgrenzung ist wichtig

Es kann für beide Parteien eine große Herausforderung sein, wenn das Gegenüber noch nicht bereit ist für die Transformation und die Reflektorin nicht als Spiegel, sondern als Ursache des Problems gesehen wird. Besonders für die Reflektorin kann es schwer sein, sich von der

Emotion des anderen abzugrenzen und nicht zu stark die Verantwortung zu übernehmen. Weiß die Reflektorin nichts von ihrer Weisheit und heilenden Kapazität, so können die Wut oder Frustration aus den Beispielen zu ihren eigenen Emotionen werden. Das kann sie krank machen, sie ermüden und ihr energetisch stark schaden.

Da in unserer Gesellschaft aktuell wenig Bewusstsein für energetische Zusammenhänge herrscht, ist es gerade für eine Reflektorin essenziell, die eigene Energie kennenzulernen. An dem Punkt, an dem wir uns aktuell befinden, mit jeder Menge Frustration, Verbitterung und Wut auf gesellschaftliche Zustände, ist es nicht immer einfach, in der eigenen Kraft und Energie zu bleiben. Eine Reflektorin, die sich ihrer spiegelnden Energie bewusst ist, kann sich besser abgrenzen, wenn sie mit Wut oder Frustration konfrontiert wird. Sie nimmt diese Emotionen wahr, zeigt das Potenzial für Heilung auf, aber macht die Gefühle nicht zu ihren eigenen. Dafür sind Resilienz und ein starkes Bewusstsein für die eigene Energie notwendig.

Zwar kann die Reflektor-Energie alles verstärken, doch die bewusste Reflektorin hat auch einen sehr schützenden Aspekt in ihrer Aura: Sie ist auch abweisend und wird gern als teflonartig beschrieben. Du kennst sicher Teflonpfannen, bei denen der Schmutz an der Oberfläche bleibt, abperlt und sich leicht abwaschen lässt. Genauso können an der Reflektor-Aura die Emotionen abperlen, sie muss nicht alles ungefiltert hineinlassen oder festhalten. Sobald eine Reflektorin sich beispielsweise aus einer emotional ungesunden Situation löst, kann sie die Emotionen loslassen und muss sie nicht länger mit sich herumtragen. Allein sich dessen bewusst zu sein, kann in der Praxis viel verändern. Für diesen Reinigungseffekt ist es außerdem hilfreich, einen sicheren Ort nur für sich zu haben, an dem man in der eigenen Energie sein kann. Dies kann ein Zimmer sein oder ein besonderer Ort in der Natur, an den sich die Reflektorin zurückziehen und sich von dem Energiefeld anderer bewusst trennen kann.

Einen eigenen Raum zu haben und zu verstehen, dass die Energien anderer losgelassen werden dürfen, kann für Reflektorinnen viel Selbstheilung in Gang setzen, ebenso wie zu verstehen, dass die Energien anderer reflektiert werden. Da Reflektorinnen seit ihrer Kindheit die Erfahrung machen, dass sie allein durch ihre Anwesenheit andere triggern können, ist es wichtig, zu trennen zwischen »Das ist meine Schuld« und »Das ist meine energetische Aufgabe«. Eine Reflektorin trägt niemals die Schuld, wenn sie Missstände aufzeigt. Genauso wenig hat sie allein die Verantwortung dafür, etwas heilen zu müssen. Sie bringt die Kapazität mit, die Heilung zu unterstützen, aber nur, wenn sie dafür auch gesehen wird. Als Reflektorin darfst du bewusst auch all die Male, in denen du die alleinige Verantwortung für energetische Missstände übernommen hast, heilen und dir mit Selbstliebe und Selbstakzeptanz begegnen. Da du als Reflektorin so stark die Energien des Umfeldes verstärkst, ist dies besonders wichtig für dich.

Die richtigen Menschen, der richtige Ort

Bist du als Reflektorin mit den richtigen Menschen zusammen, kannst du dein volles Potenzial ausleben. Meist bringen diese Menschen einen gewissen Grad an Bewusstsein mit und sehen die Gabe der Reflektorin als Geschenk und Segen an. Außerdem übernehmen sie die volle Verantwortung für ihre eigene Energie und ihre eigenen Themen. Sie verstehen auch das Bedürfnis der Reflektorin, ab und zu aus diesem sozialen Konstrukt auszusteigen, um in ihrer eigenen Energie zu sein. Für diese Menschen ist es auch kein Problem, der Reflektorin Raum und Zeit für Entscheidungen zu geben. Für die Reflektorin fühlt sich das richtige Umfeld heilsam, geborgen und trotzdem aufregend an. Diese Menschen ermöglichen der Reflektorin neue Möglichkeiten, weihen sie in neue Projekte ein oder geben ihr einen wichtigen Anstoß, einen neuen Weg zu beschreiten. Ist eine Reflektorin am falschen Ort und mit den falschen Menschen zusammen, dann wird sie enttäuscht und es macht sich auch gesundheitlich auf allen Ebenen bemerkbar. Fühlt es sich schwer, enttäuschend und ermüdend an, können auch weniger Möglichkeiten und keine passenden Aufforderungen zu ihr kommen. Doch es gibt immer die Chance, neu zu wählen und als Reflektorin selbstbestimmte Entscheidungen zu treffen und neue Wege zu beschreiten, bevor die Enttäuschung überhandnimmt.

Die eigene Unbeständigkeit annehmen

Enttäuschung ist das Thema der Reflektorin, das sich verstärkt zeigt, wenn sie nicht auf ihre innere Weisheit vertraut, wenn sie sich mit den falschen Menschen umgibt oder an den falschen Dingen festhält. Enttäuschung entsteht auch, wenn sie falsche Erwartungen an sich selbst oder andere stellt. Eine große Enttäuschung für Reflektorinnen ist oft die eigene Unbeständigkeit. Zu verstehen, dass man jeden Tag anders tickt, kann in dieser Welt herausfordernd sein. Es gibt so viele Regeln, wie man zu sein hat, und es ist oft schwer, die eigene innere Stimme wahrzunehmen.

Durch ihre extreme Offenheit in ihrem energetischen Körper sind Reflektorinnen sehr flexibel in ihrem Sein. Zum einen wird diese Flexibilität durch den Mondzyklus bestimmt, denn der Mond kann im Verlauf eines Zyklus von 29,5 Tagen die Konstitution der einzelnen Tage stark beeinflussen. Diese Veränderung wird sich im monatlichen Rhythmus des Mondes wiederholen. Zum anderen verstärkt die Reflektorin die Energie der Menschen, die sie umgeben. Lebt eine Reflektorin beispielsweise mit einem Manifestierenden Generator zusammen und verbringt viel Zeit mit ihm, so wird sie dessen Eigenschaften aufnehmen. Sie spürt, dass es nicht ihre eigene Energie ist, die sie da wahrnimmt, denn sobald sie sich längere Zeit außerhalb des Energiefeldes befindet, wird sich ihre eigene Energie verändern. Verbringt sie dann beispielsweise ein Wochenende mit einem Projektor, so wird sie dessen Energie wahrnehmen und verstärken.

Reflektorinnen brauchen eine Rückzugsmöglichkeit, um sich abgrenzen zu können und immer wieder bei sich selbst anzukommen.

Für eine Reflektorin ist es hilfreich, die Energien der anderen Typen zu verstehen. So kann sie schnell einordnen, welche Menschen und Typen sich in ihrem Umfeld befinden. Dabei ist es wichtig, zu wissen: Eine Reflektorin, die sich mit einem anderen Typ vergleicht oder glaubt, dessen Energie stabil auszuleben, wird von sich selbst und vom Leben enttäuscht sein. Sie kann die Energien der anderen wahrnehmen und auch für kurze Zeit für sich nutzen – doch genau deshalb ist die energetische und räumliche Abgrenzung wichtig, um immer wieder bei sich selbst anzukommen.

Sich den Raum geben

Als Reflektorin bist du nicht hier, um blitzschnelle Entscheidungen zu treffen, zu initiieren oder zu reagieren. Vielmehr wirst du vom Leben oder von anderen Menschen initiiert und in die Situationen eingeladen. Der Ausdruck »initiiert werden« bedeutet, dass die Reflektorin durch andere Menschen in neue Projekte oder Veränderungen eingeweiht wird, dass ihr zur richtigen Zeit die richtigen Anstöße gegeben werden oder sich neue Möglichkeiten zeigen. Es ist Teil ihrer Strategie. Dabei hat die Initiation, anders als die Einladung der Projektoren, weniger mit Anerkennung zu tun, sondern mit einer Möglichkeit, die aufgezeigt wird und von der Reflektorin angenommen werden kann. Diese neue Möglichkeit darf ganz im Tempo und nach Ermessen der Reflektorin genutzt werden. Wenn dies beispielsweise ein neuer Job, eine neue Beziehung oder ein neuer Wohnort ist, dann geht es darum, dass die Reflektorin ohne Druck und Eile hineinspüren darf, ob es sich passend anfühlt. Daher kann die Strategie auch als »Sampling« beschrieben werden. Die Reflektorin nimmt kleine Proben und testet für sich, ob sich diese Initiation passend anfühlt. Dieser Prozess kann im Einklang mit dem Mond etwa einen Monat dauern, gegebenenfalls aber auch länger.

Wichtig ist, dass die Reflektorin nur in Situationen und Möglichkeiten initiiert werden muss, die andere Menschen betreffen. Genauso muss sie nicht auf Biegen und Brechen einen Monat lang warten, wenn bereits früher Klarheit besteht. Wenn sie für sich selbst eine Entscheidung trifft oder es um die kleinen Dinge im Alltag geht, braucht sie niemanden, der sie initiiert. Sie muss sich auch keinen Monat Zeit nehmen, um einen neuen Fernseher oder ein neues Kleid zu kaufen.

Wenn sie aber einen neuen Arbeitsplatz sucht oder ein Umzug mit dem Partner geplant ist, kann es hilfreich sein, sich an einen längeren Zeitrahmen zu halten, um energetisch damit im Einklang zu sein. Ich durfte eine wunderbare Reflektorin begleiten, die mit ihrem Partner in ein anderes Land ziehen sollte. Ihr Partner hatte sie initiiert – er als Generator hatte auf das neue Jobangebot aus dem Bauch heraus reagiert und ihr dann den Raum eröffnet, mitzugehen. Anstatt sich Hals über Kopf zu entscheiden, gab sie sich den Raum, das neue Land und die Umgebung auszutesten. Sie behielt zunächst die Wohnung in der alten Heimat und verbrachte einige Wochen in der potenziell neuen Heimat. Nach etwa einem Monat reiste sie zurück, um sich noch einmal Raum und Zeit zu nehmen für ihre Entscheidung. Sie kam dann zu dem Schluss, dass ihr die Natur, die Freundlichkeit der Menschen und die neue Kultur sehr guttaten. Aus sich heraus entschied sie also im Einklang mit dem Mondzyklus nach der Initiation, ihrem Partner zu folgen. So war sie ihrer Strategie gefolgt und konnte voller Vertrauen in diesen neuen Lebensabschnitt mit all seinen Überraschungen starten.

Ein Leben voller Überraschungen

Gegenüber dem Thema der Enttäuschung steht nämlich die Überraschung. Gehen wir einmal davon aus, unsere Reflektorin aus dem Beispiel hätte sich nicht die Zeit gegönnt, ihre Entscheidung mehrere Wochen für sich auszutesten. Sie hätte direkt ihre Zelte hinter sich abgebrochen und wäre ihrem Partner zuliebe umgezogen. Wenn es also nicht ihre authentische Entscheidung gewesen wäre, hätte in der neuen Heimat jede Menge Enttäuschung auf sie warten können. Enttäuschung über sich selbst, über den Partner, über die neue Situation. Vielleicht hätte sie sich von sich selbst und ihren Liebsten abgewandt und das Vertrauen ins Leben verloren.

Doch sie hat selbst die Verantwortung übernommen, hat ihre eigene Entscheidung getroffen und sie nicht an ihren Partner abgegeben. Sie hat erfahren, wie sich die neue Situation in ihrem Körper anfühlt und wie ihre Energie damit in Resonanz geht. Das heißt nicht, dass immer alles Friede, Freude, Eierkuchen sein wird. Aber sie ist den Herausforderungen gewachsen, wird sie als Überraschung wahrnehmen können und sich diesen hingeben. Ein Leben voller Überraschungen ist der höchste Ausdruck des Reflektors. Überraschung, wie man sich an diesem Tag fühlt. Überraschung, wie man sich in Gegenwart einer Person gibt. Überraschung, was das Leben einem präsentiert. Ein Leben voller Abenteuer – im Innen wie im Außen. Solange Reflektoren am für sie richtigen Ort und mit den für sie richtigen Menschen zusammen sind, sind sie diesen Abenteuern gewachsen.

Die lunare Strategie

Lass uns den Prozess der lunaren Strategie – die Strategie, einen Mondzyklus abzuwarten – etwas genauer betrachten. Stell dir vor, als Reflektorin begegnet dir eine Möglichkeit, du wirst also gefragt, eingeladen oder initiiert. Es ist eine Möglichkeit, die eine große Veränderung für dein Leben bedeutet, und du möchtest mit ihr in den Prozess gehen. Nimm wahr, welcher Tag gerade ist und in welcher Mondphase sich der Mond befindet. Wenn du dich mit Human Design bereits auskennst, kannst du auch nachschauen, welches Tor in deiner Chart durch den Mond aktiviert ist.

Nun darfst du etwa einen Monat abwarten und dir den Raum und die Zeit gönnen, diese Möglichkeit anzuprobieren. Wenn du das Bedürfnis verspürst, kannst du auch mit anderen darüber sprechen, doch mit dem Bewusstsein, dass du keine Ratschläge oder Tipps brauchst, sondern nur einen Raum, in dem du deine Eindrücke sicher verarbeiten kannst. Vielleicht wird dir dieser Raum auch durch ein Tagebuch gegeben, in dem du deine Gedanken und Gefühle, die du zu dieser Möglichkeit hast, notierst und so verarbeitest. Es kann dir auch helfen, täglich deine Energie und Empfindungen aufzuschreiben – denn hier finden wir ebenfalls einen monatlichen Rhythmus. Es wird Tage im Monat geben, wo du voller Energie bist, Tage, an denen du deine Emotionen wahrnimmst, und Tage, an denen du besonders viele Inspirationen hast. Notiere dir all dies über mehrere Monate und achte besonders auf wiederkehrende Energien. Diese kannst du mit Achtsamkeit für dich nutzen. Gleichzeitig schenkt dir diese Praxis mehr Vertrauen, um zu unterscheiden, welche Energien zu dir gehören und welche du von anderen aufnimmst und wieder loslassen kannst.
Wenn du gerade eine große Entscheidung zu treffen hast und es umsetzbar ist, kannst du diese neue Möglichkeit auch praktisch testen. Bei einem Umzug in einen neuen Stadtteil kannst du beispielsweise Zeit dort verbringen. Wenn es sich um einen neuen Job handelt, kannst du das Team kennenlernen, die neuen Aufgabenbereiche mal austesten und dich mit dem Unternehmen vertraut machen.
Nach einem Monat wird sich meist Klarheit bei dir einstellen. Du wirst merken, ob du dich mit dieser Entscheidung wohlfühlst oder nicht. Falls du noch nicht sicher bist, kommuniziere das und nimm dir

den nötigen Raum. Wenn du in dieser Zeit gemerkt hast, dass es nicht das Richtige für dich ist, ist es ebenfalls wichtig, offen zu kommunizieren und für sich einzustehen. Denke immer daran, dass die Dinge, die nicht korrekt für dich sind, dir auf Dauer die Energie rauben und es dir nicht erlauben, dein Potenzial auszuleben. Bist du hingegen am richtigen Ort, kannst du große Veränderungen herbeiführen, ohne dass es dir schadet. Du bist es dir und der Welt also schuldig, für dich einzustehen und authentische Entscheidungen zu treffen.

Natürlich trifft jeder auch mal eine falsche Entscheidung – diese darfst du jederzeit wieder zurücknehmen. Verurteile dich nicht. Wir alle lernen durch unsere Erfahrungen und vielleicht steckt in dieser ganz bestimmten Erfahrung eine wichtige Erkenntnis für dich. Sei dir einfach bewusst, dass du nicht hier bist, um dich zu verbiegen und dich auf deine Kosten anzupassen.

Feinfühligkeit als Stärke

Manchmal scheint es so, als seien Reflektorinnen besonders empfindlich. Doch wir dürfen Feinfühligkeit nicht mit Empfindlichkeit gleichsetzen. Es ist korrekt, dass Reflektorinnen viel wahrnehmen und dadurch manchmal (über-)empfindlich reagieren. Dies hat meist damit zu tun, dass ihre Konstitution nicht geehrt und wahrgenommen wird. Wenn sie nicht selbst ihre Umgebung wählen können und diese energetisch ungesund ist, dann können sie mit allerlei Symptomen zu tun haben. Kennen Reflektorinnen aber ihre Energie und werden sie von ihrem Umfeld dafür geschätzt, so kann sich ihre Feinfühligkeit als absolute Heiler-Energie zeigen. Sie können sich dann dafür entscheiden, die Energien anderer zu spiegeln, anstatt sie aufzusaugen, wie oben bereits beschrieben. Reflektorinnen können sich tief in andere hineinversetzen. Genau darum reagieren sie oft sehr gut auf feinstoffliche und energetische Behandlungen oder sie haben selbst die Gabe, mit solchen Techniken zu arbeiten. Vertrauen sie in ihre eigene Energie, fällt es ihnen leicht, auf eine feinstoffliche Ebene zu gelangen. Dabei besitzen sie eine innere Stärke und Weisheit, die ich so noch bei keinem anderen Typen gesehen habe. Feinfühligkeit kann also eine Stärke und Kraft der Reflektorin sein.

Hat eine Reflektorin jedoch nicht das Bewusstsein für ihre innere Stärke, kann es für sie eine Herausforderung sein, in diesem Körper anzukommen. Denn da sie kein definiertes Center hat, fehlt ihr der »Anker«, also die definierte Energie. Doch mit etwas Übung und guter Anleitung kann sie energetische Systeme für sich und andere nutzen. Durch ihre Feinfühligkeit tut ihr meist die Natur unglaublich gut, sie ist tief verbunden mit Naturschauplätzen, mit Tieren und auch mit Kindern. All das kann sein, muss aber nicht sein. Da Pflanzen und Tiere ihr eigenes Design mitbringen, können diese Lebewesen der Reflektorin Rückhalt bieten und den Anker darstellen, der ihr sonst so häufig fehlt. Kinder leben ihr Design meist völlig unbedarft und natürlich aus. Sie sind unschuldig und ein purer Ausdruck ihres Seins. Auch das spüren Reflektorinnen und sie können hier die Energien in ihrer reinen Form spüren, bevor sich die Welt quasi darüberlegt.

Der Blick hinter den Spiegel

Von anderen Menschen werden Reflektorinnen meist als schwer einzuschätzen und als unantastbar wahrgenommen. Hier kommt wieder ihre spiegelnde und abweisende Aura ins Spiel. Von außen kann man kaum hinter die Fassade schauen, was für Reflektorinnen oft bedeutet, dass sie sich nicht gesehen fühlen. Denn es ist ja nicht nur so, dass andere nicht hinter die Fassade schauen können – die Fassade fungiert ja auch wie ein Spiegel und das Gegenüber sieht darin sich selbst und nicht die Reflektorin. Das Ganze kann man sich vorstellen wie eine verspiegelte Fensterfassade: Der Mensch hinter dem Glas kann raussehen und alles beobachten, aber die Menschen von außen sehen nur einen Spiegel und nicht, was beziehungsweise wer sich dahinter befindet. Daher ist es für Reflektorinnen besonders wichtig, Menschen um sich zu haben, die sie hinter diese gläsernere Fassade schauen lassen. Und es ist hilfreich zu verstehen, dass es auch für Nahestehende nicht so einfach ist, diesen Blick zu erhaschen. Hier darf man sich als Reflektor bewusst öffnen und den Menschen, die man an sich heranlassen möchte, den Zugang ermöglichen.

Reflektorinnen brauchen viel Zeit für sich. Das bedeutet nicht, dass sie keine Bindungen eingehen dürfen – ganz im Gegenteil. Aber darauf zu achten, dass sie genug Zeit für sich haben, ist für alle Beteiligten von Vorteil. Von einer Reflektorin darf man auch nicht erwarten, dass sie tagein, tagaus gleich ist. Da sie keine Konstante in ihrer Chart hat, ist sie sehr wandelbar und fließend in ihrer Persönlichkeit. Wenn ein Gegenüber dies nicht versteht, kann es zu Missverständnissen und Enttäuschungen kommen. Lässt eine Reflektorin sich darauf ein, dass sie sich von Tag zu Tag, von Situation zu Situation anders fühlen kann, dann wird ihr Leben voller Überraschungen sein. Anstatt auf Konsistenz zu beharren, darf sie sich dem Fluss ihres Lebens anvertrauen und Heilung in diese Welt bringen.

Zeit für Reflexion – entfalte deine Weisheit

Journalfragen für Reflektorinnen

- In welchen Umgebungen und mit welchen Menschen fühle ich mich am wohlsten? Wer gibt mir das Gefühl, wirklich gesehen zu werden? Wer erkennt meine Weisheit an?
- Welche Dinge kamen ganz im Einklang mit meiner Strategie in mein Leben? Wann habe ich mir erlaubt, mir Zeit zu nehmen diese Dinge auszuprobieren und für mich zu testen?
- Lebe ich im Einklang mit dem Mondzyklus? Wie kann ich mich für dieses Wissen öffnen? Wie kann ich mir den Raum dafür nehmen, mehr in Kontakt mit all den Facetten in mir zu kommen?
- Wann habe ich mich enttäuscht gefühlt? In welchen Situationen habe ich meiner Feinfühligkeit und meiner Weisheit nicht vertraut?
- Nehme ich mir genug Raum und Zeit für mich? Und habe ich bereits meine Herzensmenschen in diesem Leben gefunden? Wie kann ich eine Balance herstellen zwischen gemeinsamer Zeit und Raum für mich?
- Zusatztipp: Lege dir ein Journal an, in dem du täglich deine Empfindungen notierst und wie du deine Energie wahrnimmst. Über einen Zeitraum von mehreren Monaten wirst du eine Regelmäßigkeit in deiner Energie erkennen, die dir Halt geben kann.

Affirmationen für Reflektorinnen

- Ich bin verbunden mit den Rhythmen der Natur und vertraue der Weisheit der Mondin, mit mir kraftvolle Entscheidungen zu treffen.
- Ich besitze die Weisheit, Menschen mit all ihren Facetten zu sehen und zu spüren. Die richtigen Menschen schätzen mich für meine Tiefe und lieben meine Feinfühligkeit.
- Ich erlaube mir, ein Leben voller Überraschungen und Leichtigkeit zu leben und lasse alles los, was mir nicht länger dient.

Erinnerung für Reflektorinnen

Als Reflektorin bist du auf dieser Welt, um deine Umwelt und deine Mitmenschen zu spiegeln und dabei eine tiefe Weisheit zu entwickeln. Diese trägst du nach außen und weist uns allen damit den Weg. Mit deiner Energie bringst du Heilung in diese Welt.

INTERAKTION DER TYPEN

Du hast nun die fünf Human Design Typen kennengelernt und erfahren, was die unterschiedlichen Energien hier auf dieser Welt bewegen. An dieser Stelle ist es mir wichtig, zu betonen, dass jeder dieser Typen eine wichtige Aufgabe in dieser Welt hat. Jeder Mensch bringt eine andere Energie mit auf diese Welt. Die Energie deines Typs, zusammen mit deinen Gaben, Talenten, Erfahrungen, Interessen, Prägungen, deiner Kultur, deinem Umfeld und deinen Herzensmenschen, macht dich zu einem einmaligen kosmischen Ereignis. Dies ist kein Zufall, denn deine Seele hat genau diese Kombination von energetischen mit menschlichen Aspekten gewählt. Damit bist du ein Puzzleteilchen, das auf dieser Welt gebraucht wird.

Wir alle sind wie Puzzleteilchen und wenn wir in unserer Energie sind, uns also nicht verstellen und verbiegen, passen wir mit all den anderen Puzzleteilchen zusammen und ergeben ein großes, wunderschönes Bild.

Unser Human Design Typ schenkt uns eine kompakte Gebrauchsanweisung für die Grundzüge unserer Energie. Durch die praktische Komponente der Strategie und die Aspekte des Energiefeldes ermöglicht uns das Ausleben unseres Typs eine Abkürzung, um in Einklang zu kommen. Kein Typ ist besser oder schlechter, kein Typ kann etwas erreichen, was ein anderer nicht kann. Unseren Typ und seine Strategie zu verstehen, ermöglicht uns einfach, das WIE zu sehen: wie wir unsere Träume in die Realität holen und in unsere Kraft kommen.

Jede dieser Energien wird gebraucht und jeder Mensch kann auf seine Art und Weise genau das erreichen, wofür er hier ist. So versorgen uns Manifestorinnen beispielsweise immer wieder mit neuen, spontanen Ideen, stoßen Projekte an und übersetzen mit ihren Impulsen die Signale des Universums in menschliche Form. Damit inspirieren sie wiederum andere und bringen diese dazu, zu handeln. Generatorinnen und Manifestierende Generatorinnen sind inspiriert und reagieren auf die Impulse, die sie bekommen und die sie dann umsetzen. Die Generatoren-Typen bringen mit ihrer sakralen Energie die nötige Ausdauer und Lebensfreude mit, alles zum Leben zu erwecken und kreativ zum Abschluss zu bringen. Dabei können Projektorinnen die Energieflüsse und Projekte auf ihre sanfte und natürliche Art und Weise leiten. Sie zeigen uns die effizientesten und effektivsten Wege auf und bringen mit ihren Gaben und Talenten alles in eine bessere Form. Reflektorinnen spiegeln uns, wo bei der Umsetzung noch Probleme auftreten oder was besonders gut läuft. Sie zeigen auf, wo wir in unserer Kraft sind und wo wir uns auf dem Holzweg befinden. Damit bringen sie Heilung in die Welt und ermöglichen es jedem, sich in der Tiefe zu sehen. Erst das Zusammenspiel dieser fünf Energietypen ergibt ein großes Ganzes und bietet die Chance für nachhaltiges Wachstum. Versucht jedoch eine Generatorin die Rolle einer Manifestorin einzunehmen, dann kommen wir wahrscheinlich nicht in unsere Kraft. Genauso kann die Reflektorin, die sich wie eine Generatorin verhält, nicht die Veränderung und Heilung bringen, für die sie hier ist. Jeder Human Design Typ darf lernen der eigenen Strategie zu folgen. Typ und Strategie bestärken sich gegenseitig. Wenn wir diese Elemente ausleben und damit experimentieren, kommen wir in unsere Kraft.

Sind wir im Fluss, begegnet uns das Higher Self, unser höchster und bester Ausdruck. Agieren wir gegen unsere eigene Energie, dann sind wir nicht wir selbst und sind eher in unserem »niedrigen Ausdruck«, dem Lower Self. Wir können das Lower und Higher Self als eine Art Kompass nutzen: Solange du nicht deiner Strategie folgst und versuchst, jemand anders zu sein als die, die du wahrhaftig bist, befindest du dich in deinem Lower Self. Lehne es nicht ab, sondern erkenne diese Gefühle und Empfindungen an, um regelmäßig zu prüfen, ob du auf dem für dich richtigen Weg bist. Denn wenn du dein Lower-Self-Thema – egal ob es Wut, Frustration, Verbitterung oder Enttäuschung ist – erkennst und annimmst, kannst du dich bewusst dafür entscheiden, einen anderen Weg einzuschlagen. Meist wirst du schnell den Zugang zu deinem Higher Self spüren, wenn du deiner Strategie folgst. Beide Empfindungen, Lower Self sowie Higher Self, werden dir im Leben immer wieder begegnen und sind lediglich Hinweise, um dich immer wieder an deinen Weg zu erinnern und dich zu bestärken, diesen zu verfolgen. Mit ihrer Hilfe kannst du erkennen, wie sehr du deiner Energie und Strategie bereits vertraust.

Im nächsten Schritt auf deiner kosmischen Reise beschäftigen wir uns mit der Entscheidungsweisheit, im Human Design auch Autorität genannt. Sie ermöglicht uns, zu entscheiden, ob die Dinge, die durch unsere Strategie auf unseren Weg kommen, die richtigen für uns sind. Seien es innere Impulse, Möglichkeiten zu reagieren, Einladungen oder Initiationen. Strategie und Autorität sind eine unschlagbare Kombination, um dein eigenes Potenzial zu entfalten und deine Einzigartigkeit zu leben.

LERNE DEINE Entscheidungs-weisheit kennen

STARKE ENTSCHEIDUNGEN TREFFEN

Jeden Tag treffen wir unglaublich viele Entscheidungen. Manche sind klein, andere verändern den Verlauf unseres Tages oder sogar unseres Lebens. Manche treffen wir bewusst, die meisten aber unbewusst. Jeder von uns kennt diese Momente, in denen eine große Entscheidung getroffen werden muss. Ein Umzug, ein neuer Job oder eine andere tiefgreifende Veränderung, die sich auf unser weiteres Leben auswirken wird. Und vermutlich hat jeder von uns schon einmal eine Pro-und-Kontra-Liste erstellt. In einer Spalte listen wir alle Argumente auf, die für die Entscheidung sprechen: warum diese Entscheidung sinnvoll wäre und welche Vorteile sie uns bringen könnte. In einer zweiten Spalte notieren wir alles, was gegen die Entscheidung spricht: sachliche Gegenargumente und welche Nachteile die Entscheidung mit sich bringen könnte. Meist haben wir dann eine ausgewogene Anzahl an Argumenten. Manchmal ist eine Spalte deutlich voller als die andere und die Entscheidung scheint einfach zu sein – und doch fällt es uns schwer, sie zu treffen. Entscheiden wir uns gegen die guten Argumente, also gegen unseren Verstand, stellt es sich möglicherweise heraus, dass diese »falsche« Wahl uns genau an den richtigen Ort führt oder uns zutiefst erfüllt. Warum ist das so?

Im Human Design wird immer wieder gesagt, dass wir Entscheidungen niemals aus dem Verstand heraus treffen sollten. Doch der Verstand steht in unserer Gesellschaft im Fokus, Logik gilt als starkes Argument.

Der Verstand, die Ratio, soll bei allem die ultimative Leitlinie sein. Doch wie im Human Design betont wird, orientiert sich unser Verstand an unseren Glaubenssätzen, Konditionierungen und Erfahrungen, er entscheidet aus einem Mangel heraus. Wenn wir nur rationale Entscheidungen treffen, bleiben wir im gewohnten Trott. Unsere Zukunft wird eine Verlängerung der Vergangenheit. Wir machen Dinge, weil »man das nun mal so macht«. Wir treffen Entscheidungen, weil »wir müssten und sollten« und weil es von uns erwartet wird. Doch dies sind nicht zwangsläufig die für uns richtigen Entscheidungen.

Human Design kann uns aufzeigen, dass unser Verstand immer eine Entscheidung auf der Basis unserer Glaubenssätze treffen wird. Diese Glaubenssätze finden wir verstärkt in den undefinierten Centern der Chart. Der Verstand orientiert sich an diesem »Mangel« und wird dann die Entscheidung so treffen, dass wir uns entweder von diesem Glaubenssatz limitieren lassen oder beweisen wollen, dass er nicht stimmt. Hast du beispielsweise ein undefiniertes Herz, so kann ein zentraler Glaubenssatz damit zu tun haben, dass du deinen Selbstwert beweisen musst. Nehmen wir an, du bekommst ein Jobangebot, das dir nicht entspricht und in dir eine klare Ablehnung hervorruft, das Gehalt und die Position an sich sind aber sehr respektabel. Dann kann es gut sein, dass du dieses Angebot annehmen wirst. Unbewusst wirst du versuchen, mit dieser Position endlich zu beweisen, dass du es wert bist. Das Gehalt und die Anerkennung für deine neue Position werden kurzfristig diesen Mangel beheben, aber langfristig wird dich dieser Job nicht glücklich machen, sondern dich im schlimmsten Falle sehr viel Energie kosten.

Wer sich seiner zentralen Glaubenssätze bewusst ist, kann das Muster hinter seinen Entscheidungsprozessen besser verstehen. Daher besprechen wir in diesem Kapitel kurz die Glaubenssätze, die in undefinierten Centern zu finden sind. Denke aber daran, dass nicht jeder Mensch diese beschriebenen Glaubenssätze zwangsläufig entwickelt haben muss. Die Lebenserfahrung kann uns auch etwas anderes beigebracht haben. Auch biete ich hier nur eine Zusammenfassung der zentralen Glaubenssätze, es gibt noch sehr viel mehr. Wenn die exakte Formulierung eines Satzes in dir keine Resonanz findet, dann spüre in das Thema des undefinierten Centers hinein. Mit zunehmendem Bewusstsein wirst du deine Muster und Prägungen erkennen. Glaubenssätze sind natürlich auch auf anderen Ebenen als in den undefinierten Centern zu finden, dies kann am besten in einer Human-Design-Session, in einem Coaching oder in einem Reading für deine individuelle Chart aufgedeckt werden.

Aber zurück zum Verstand – wie oben beschrieben, orientiert sich die Ratio an deinen Glaubenssätzen und jede Entscheidung, die du mit dem Verstand triffst, kann dich somit von dem für dich richtigen Weg abbringen. Im Human Design wird der Verstand als Diener gesehen, der uns helfen kann, die Welt um uns herum zu verstehen, zu analysieren und uns darüber auszutauschen. Es ist reines mentales Bewusstsein, das uns ermöglicht, aus einer logischen Perspektive auf die Welt zu blicken. Doch in unserer Gesellschaft haben wir diesen Diener zum Herren gemacht, und damit ist er selbst restlos überfordert.

Die zentralen Glaubenssätze

Unsere Glaubenssätze zeigen sich verstärkt, wenn wir starke Entscheidungen für uns treffen wollen. Die undefinierten Center weisen uns auf unsere zentralen Glaubenssätze hin, welche meist in der Kindheit und frühen Jugend entstehen. Manche Glaubenssätze haben wir auf energetischer Ebene bereits mit auf diese Welt gebracht, und es ist unsere Aufgabe, sie in diesem Leben aufzulösen. Egal woher sie kommen – sie sollten niemals eine Entschuldigung dafür sein, dass du nicht das Leben mit den Entscheidungen kreieren kannst, das für dich richtig ist. Daher hier eine wichtige Erinnerung: Deine Glaubenssätze bestimmen nicht deine Geschichte. Sie bestimmen nicht deine Zukunft. Sie sind keine Ausrede dafür, nicht deine eigenen Entscheidungen zu treffen. Solange wir ihnen mehr folgen als unserer Entscheidungsweisheit, wird es schwer sein, ein Leben im Einklang mit der eigenen Energie zu erschaffen.

Deine Glaubenssätze bestimmen nicht deine Geschichte. Sie bestimmen nicht deine Zukunft. Sie sind keine Ausrede dafür, nicht deine eigenen Entscheidungen zu treffen.

Es ist daher wichtig, sich seiner Glaubenssätze bewusst zu werden und sie zu transformieren. In der Tabelle auf den folgenden Seiten sind die zentralen Glaubenssätze der jeweiligen Center aufgeführt, ebenso Vorschläge, wie sie umgewandelt werden können. Schau in deiner Chart nach, welche Center undefiniert sind, also weiß erscheinen. Lass die Glaubenssätze, die diesen Centern zugeordnet sind, auf dich wirken und nummeriere dann die Center durch. Das Center mit dem für dich stärksten Glaubenssatz bekommt die Nummer 1, dann geht es weiter bis zum Center mit dem schwächsten Glaubenssatz. Fokussiere dich nun auf den stärksten Glaubenssatz: Wie wirkt er sich bei deiner Entscheidungsfindung aus? Wie beeinflusst er dich? Wähle bewusst einen neuen Glaubenssatz, der dich in deiner Entscheidungsfindung unterstützt. Ist zum Beispiel dein zentraler Glaubenssatz »Wenn ich dies tue oder bin, dann bin ich wertvoll«, so kannst du ihn umwandeln in »Ich bin wertvoll, so wie ich bin«. Ist dein zentraler Glaubenssatz »Ich muss es allen recht machen, um Konflikte zu vermeiden«, dann kannst du ihn umwandeln zu »Ich bin nicht verantwortlich für die Emotionen anderer und darf starke Entscheidungen für mich treffen« oder auch »Ich muss es niemandem außer mit selbst recht machen«. Wähle eine Formulierung, die dich bestärkt und dich darin unterstützt, deiner Autorität zu vertrauen.

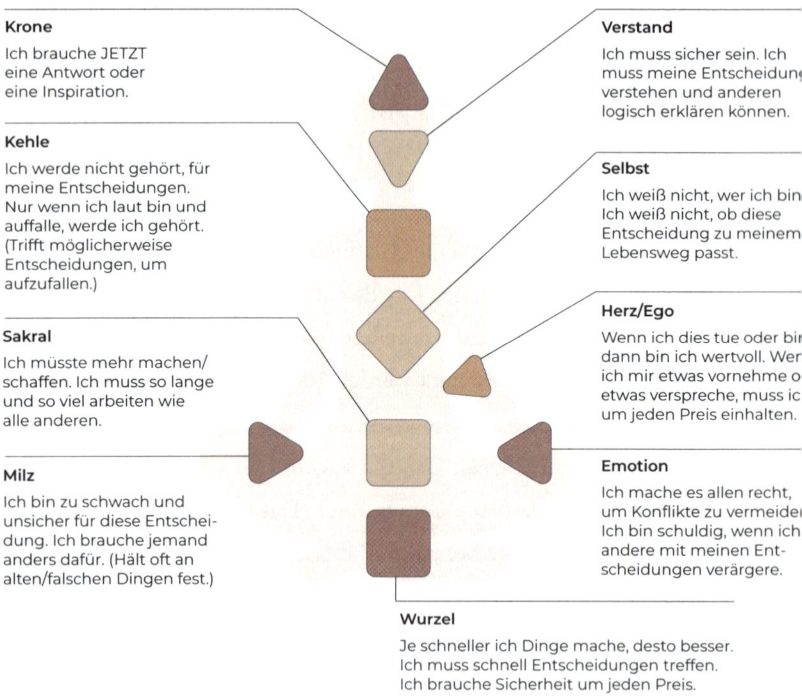

Center	Thema	Glaubenssatz	Mögliche Umwandlung
Wurzel	Stress und Sicherheit	Je schneller ich Dinge mache, desto besser. Ich muss schnell Entscheidungen treffen. Ich brauche Sicherheit um jeden Preis.	Ich bin die Ruhe selbst und nehme mir die Zeit, die ich brauche. Solange ich die für mich richtigen Entscheidungen treffe, gebe ich mir selbst die Sicherheit, die ich suche.
Emotionaler Solarplexus	Emotionale Konflikt-vermeidung	Ich mache es allen recht, um Konflikte zu vermeiden. Ich bin schuldig, wenn ich andere mit meinen Entscheidungen verärgere.	Ich bin nicht verantwortlich für die Emotionen anderer und darf starke Entscheidungen für mich treffen.
Sakral	Lebensenergie und Ausdauer	Ich müsste mehr machen/schaffen. Ich muss so lange und so viel arbeiten wie alle anderen.	Ich muss nichts leisten oder schaffen, um wertvoll zu sein. Ich arbeite in meinem eigenen Rhythmus.
Milz	Wohlbefinden	Ich bin zu schwach und unsicher für diese Entscheidung. Ich brauche jemand anders dafür. (Hält oft an alten/falschen Dingen fest.)	Ich weiß, welcher Weg der richtige für mich ist. Ich lasse die Dinge los, die nicht länger passen, um Raum für Neues zu schaffen.
Herz/Ego	Willensstärke und Selbstwert	Wenn ich dies tue oder bin, dann bin ich wertvoll. Wenn ich mir etwas vornehme oder etwas verspreche, muss ich es um jeden Preis einhalten.	Ich bin wertvoll, so wie ich bin. Ich mache keine falschen Versprechungen und treffe keine Entscheidungen, nur um mich zu beweisen.
Selbst	Lebensweg und Identität	Ich weiß nicht, wer ich bin. Ich weiß nicht, ob diese Entscheidung zu meinem Lebensweg passt.	Jeder Schritt auf meiner Lebensreise, der meiner Entscheidungsweisheit entspricht, bringt mich näher zu meiner Essenz.

Center	Thema	Glaubenssatz	Mögliche Umwandlung
Kehle	Ausdruck	Ich werde nicht gehört, für meine Entscheidungen. Nur wenn ich laut bin und auffalle, werde ich gehört. (Trifft möglicherweise Entscheidungen, um aufzufallen.)	Ich werde von den richtigen Menschen gesehen und gehört. Ich bleibe authentisch und bei mir, wenn ich Entscheidungen treffe.
Verstand	Meinungen und Verständnis	Ich muss sicher sein. Ich muss meine Entscheidung verstehen und anderen logisch erklären können.	Wenn ich meine Entscheidungsweisheit nutze, brauche ich keine weitere vermeintlich logische Erklärung für mich oder für andere.
Krone	Inspiration, Zweifel und Fragen	Ich brauche JETZT eine Antwort oder eine Inspiration.	Wenn ich meinen Entscheidungen vertraue, kommen die richtigen Ideen, Antworten und Inspirationen zum richtigen Zeitpunkt.

Die Glaubenssätze in der Tabelle sind nicht die einzigen, aber sehr zentralen Themen im jeweiligen Center. Wenn du einen anderen Impuls hast, formuliere deinen eigenen Glaubenssatz und wandle ihn um, indem du eine positive, bestärkende Formulierung dafür findest.

ENTSCHEIDUNGEN IM EINKLANG MIT UNSERER ENERGIE

Human Design bietet einen einfachen Weg, solche Prägungen und alten Muster hinter sich zu lassen: indem wir Entscheidungen im Einklang mit unserer Energie treffen. Unsere Entscheidungsweisheit, unsere ganz eigene Autorität, ist unser Kompass in diesem Leben. Mit ihr treffen wir Entscheidungen, die im tiefsten Einklang mit unserem Lebensweg sind. Diese Entscheidungen sind frei von Glaubenssätzen, frei von »sollte, müsste, könnte«, frei von den Erwartungen anderer, frei von den Erwartungen an uns selbst. Unsere Entscheidungsweisheit macht den Verstand, der in unserer Gesellschaft so hoch angesehen wird, frei. Ein freier Verstand kann wieder dafür eingesetzt werden, wozu er da ist: um das Leben zu entdecken, Daten aufzunehmen, Ideen zu haben, sich mit anderen auszutauschen. Damit kann uns der Verstand wieder dienen, um das Leben auf der mentalen Ebene zu greifen.

Unsere Entscheidungsweisheit,
unsere ganz eigene Autorität,
ist unser Kompass in diesem Leben.
Mit ihr treffen wir Entscheidungen,
die im tiefsten Einklang mit
unserem Lebensweg sind.

Sieben Entscheidungsweisheiten

Im Human Design gibt es sieben Entscheidungsweisheiten, die uns zeigen, wie es sich anfühlt, eine für uns korrekte Entscheidung zu treffen. Dabei sind die richtigen Entscheidungen nicht immer die einfachen. Manchmal sind es genau die Entscheidungen, die uns herausfordern. Die uns sagen, dass es Zeit ist, eine Beziehung zu verlassen oder unseren Job zu wechseln oder uns auf ein Abenteuer einzulassen, was viel Kraft und Vertrauen von uns verlangt. Es sind aber die Entscheidungen, bei denen wir das Gefühl haben, im höchsten und besten Sinne zu agieren und damit unserer Bestimmung zu folgen. Manchmal gehen unsere Autorität und der Verstand Hand in Hand, aber in den meisten Fällen wird der Verstand versuchen, den Entscheidungsprozess zu beeinflussen. Das Wissen um unsere Glaubenssätze ist hilfreich, um in diesem Entscheidungsprozess achtsam zu sein. Wenn wir jedoch auf unsere Entscheidungsweisheit hören, ganz egal was der Verstand oder andere Menschen sagen, ist das zugleich der schnellste und effizienteste Weg, die alten Muster hinter sich zu lassen.

Die sieben Entscheidungsweisheiten beziehungsweise Autoritäten sind in der Regel mit bestimmten Typen verbunden.

- Die emotionale Entscheidungsweisheit kann jeder Typ haben, mit Ausnahme der Reflektorin.
- Die sakrale Entscheidungsweisheit ist nur bei der Generatorin und der Manifestierenden Generatorin möglich.
- Die Milz-Entscheidungsweisheit können Projektorinnen oder Manifestorinnen besitzen.
- Die Ego-Entscheidungsweisheit können ebenfalls nur Projektorinnen oder Manifestorinnen haben.

- Die Selbst-projizierte Entscheidungsweisheit ist nur bei der Projektorin möglich.
- Die mentale Entscheidungsweisheit können nur Projektorinnen besitzen.
- Die lunare Entscheidungsweisheit ist nur bei der Reflektorin möglich.

Jede der sieben Autoritäten hat ihren eigenen Prozess, ihre eigene Dauer und Art und Weise, Entscheidungen zu treffen. Manche sind blitzschnell, andere brauchen mehrere Tage oder Wochen. Ähnlich wie bei Typ und Strategie gibt es auch hier kein Gut oder Schlecht. Du hast die für dich richtige Entscheidungsweisheit, um dem Leben zu begegnen und deiner Bestimmung zu folgen. Schnelle Entscheidungen sind nicht besser als langsame, sie sind auch nicht unzuverlässiger oder fahrlässiger.

Wie du die für dich richtigen Entscheidungen triffst, hängt wiederum mit deiner Lebenschart zusammen und mit deinem am stärksten definierten Center: dem Center deiner Autorität beziehungsweise Entscheidungsweisheit. Die definierten Center geben uns Rückhalt und eine verlässliche Energie, die immer vorhanden ist. Diese Energie hast du schon immer in dir getragen und du wirst sie immer in dir tragen, somit wirst du weniger von anderen beeinflusst. Deine individuelle Entscheidungsweisheit ist unter deiner Lebenschart aufgeführt, sie ist dein ganz eigener Kompass fürs Leben.

Jeder von uns hat eine primäre Entscheidungsweisheit, die uns auf unserem Weg unterstützt. Wenn du tiefer in die Chart eintauchst, können dir die Kombination an definierten Centern sowie die definierten Kanäle und Tore noch mehr Einblick in deine einzigartige Entscheidungsweisheit geben. Doch diese schier unendliche Anzahl an unterschiedlichen Kombinationen würde den Rahmen dieses Buches sprengen, daher beschränken wir uns hier auf deine zentrale Entscheidungsweisheit. Diese kennenzulernen, mit ihr zu experimentieren und Entscheidungen im Einklang mit ihr zu treffen, wird bereits bewirken, dass du eine neue, tiefere Ebene an Weisheit, Vertrauen und Selbsterkenntnis erreichst. Sobald du bei Entscheidungen deiner Entscheidungsweisheit folgst, wirst du spüren, wie sich dein Leben wandelt und du mehr in deine Kraft und Energie kommst.

Das Wissen über die unterschiedlichen Entscheidungsweisheiten kann dir außerdem helfen, mehr Verständnis für deine Mitmenschen zu haben. Dein Partner, deine Freundin oder dein Kind trifft Entscheidungen vielleicht komplett anders als du. Bei gemeinsamen Entscheidungen sollten daher beide Autoritäten berücksichtigt werden. Möglicherweise braucht es so mehr Geduld für Entscheidungen, aber erinnere dich daran: Ob in einer Partnerschaft, in einer Freundschaft und mit unseren Kindern – es sollte Raum für alle Individuen und ihre Energie sein. Daher findest du am Ende jeder der im Folgenden beschriebenen Entscheidungsweisheiten einen Hinweis darauf, wie man die Menschen mit dieser Autorität am besten unterstützen kann.

Entscheidungsweisheit und Strategie

Doch zunächst möchte ich kurz erläutern, welche Bedeutung die Autorität im Zusammenspiel mit unserem Typen, mit unserer Strategie hat. Beides hast du in diesem Buch bereits kennengelernt, du weißt also, welcher Typ du bist und was deine Strategie ist. Das Wissen über die Entscheidungsweisheit kann dir nun helfen, zu entdecken, welche Möglichkeiten, Ideen und Dinge, die durch die Strategie in dein Leben gekommen sind, die richtigen für dich sind. Denn nicht jede Reaktion, nicht jede Einladung oder nicht jeder Impuls ist das Richtige für uns. Doch wenn wir Strategie und Autorität vertrauen, kommen wir unweigerlich auf unseren Lebensweg. Wenn du zum Beispiel als Projektorin auf Einladungen wartest und schaust, wo du gesehen und anerkannt wirst, und gleichzeitig die Autorität nutzt, um die richtigen Einladungen anzunehmen. Oder wenn es für dich als Manifestorin mithilfe der Autorität einfach ist zu entscheiden, welchen Impulsen du nachgehen möchtest.

Folgen wir unserer Entscheidungsweisheit nicht, werden unsere Lower-Self-Themen uns darauf hinweisen und aufzeigen, wie wir unseren Kurs korrigieren können. Die Projektorin wird verbittert, wenn sie die für sie falschen Einladungen annimmt. Die Manifestorin wird wütend, wenn sie Impulsen hinterhergejagt, die nicht korrekt für sie sind und die nicht mit der Entscheidungsweisheit gewählt wurden. Schau am besten noch einmal nach, welches Lower-Self-Thema sich bei deinem Typ zeigen kann, wenn du Entscheidungen triffst, die nicht die richtigen für dich sind. So ist unser Lower Self auch auf dieser Ebene eine Richtlinie und eine liebevolle Erinnerung. Das Lower-Self-Thema ist niemals ein schlechtes, sondern es zeigt uns einfach wieder auf, wo wir vom Weg abgekommen sind und welche Entscheidungen wir revidieren dürfen. Je mehr wir auf unsere Strategie und Entscheidungsweisheit vertrauen, desto mehr spüren wir unser Higher Self und leben unsere Energie im höchsten und besten Ausdruck.

Ich empfehle dir, als Erstes in deine Entscheidungsweisheit einzutauchen, um deinen Prozess zu verstehen. Überlege, was diese Information zusammen mit deinem Typ und deiner Strategie für dich bedeutet. Entdecke dann auch die anderen Autoritäten, um mehr Verständnis für andere zu bekommen und außerdem zu verstehen, wie sich deine Entscheidungsweisheit von der der anderen unterscheidet und abhebt. Mit dem Verständnis für unsere Entscheidungsweisheit können wir endlich diese Nullachtfünfzehn-Tipps wie »Folge deinem Herzen« oder »Traue deinem Bauchgefühl« über Bord werfen. Sie passen jeweils nur für eine bestimmte Gruppe von Menschen. Mit dem Wissen, das Human Design dir schenkt, findest du heraus, welche Tipps für dich sinnvoll sind, und du kannst mit Bewusstsein und Achtsamkeit auch andere in ihrem Entscheidungsprozess unterstützen.

DIE EMOTIONALE ENTSCHEIDUNGSWEISHEIT – FÜHLE DEINE EMOTIONEN

Die emotionale Entscheidungsweisheit ist eine Autorität mit unglaublich viel Tiefe und vielen Nuancen, die eine tiefe Hingabe und Vertrauen erfordert. Wie der Name bereits sagt, hängt diese Entscheidungsweisheit mit unseren Emotionen zusammen.

Mit dieser Entscheidungsweisheit bringt man durch den definierten emotionalen Solarplexus eine starke emotionale Aktivierung mit. Man könnte bei dieser Autorität beinah sagen, die Emotionen bestimmen das Leben und damit auch die Entscheidungen. Je nachdem welche Aktivierung in der Chart zu finden sind, werden diese Emotionen anders wahrgenommen. Manche spüren die Emotionen als sanftes Auf und Ab, als leichte Wellen, die an den Strand spülen; für andere sind sie wie ein heftiger, spontaner emotionaler Orkan, der das Meer hohe Wellen schlagen lässt.

Allem voran ist es wichtig, zu verstehen, dass alle Emotionen ihren Raum haben dürfen, es gibt keine »guten« oder »schlechten« Emotionen. Die Emotionen bieten uns einen Zugang zu einem tiefen Bewusstsein, das uns mit dem Menschsein verbindet und uns eine zutiefst präsente, kreative und spirituelle Existenz ermöglicht. Die Emotionen sind sozusagen das innere Thermometer, das uns anzeigt, was gerade in unserer Energie präsent ist. Außerdem ist es wichtig, zu verstehen, dass die Emotionen bei dieser Autorität nicht an eine äußere Ursache gebunden sind. Zwar kann es Dinge in der Außenwelt geben, die vermeintlich Auslöser oder Verstärker der Emotionen sind, doch sie sind nicht an eine bestimmte Ursache gebunden, sondern diese Ursache ist lediglich der Tropfen, der das Fass zum Überlaufen bringt.

Dies zu erfahren, kann herausfordernd sein, doch die stärkste Reaktion ist eine tiefe Erleichterung, so viel spüren und fühlen zu dürfen. Erleichterung, sich nicht länger rechtfertigen zu müssen oder Gründe suchen zu müssen, wieso nun diese Emotion am Himmel aufzieht. Da die Emotionen wie Wellen sind, sollten sie fließen, ihre Kraft entfalten, uns zum Staunen bringen. Keine Willenskraft kann sie aufhalten. Kein Verstand soll sie unterdrücken. Allein durch das Fühlen dürfen wir lernen, diese Wellen zu surfen.

Für die Entscheidungsfindung bedeutet das aber, dass es im Moment der Emotion keine Klarheit gibt. Wenn du die emotionale Entscheidungsweisheit hast und eine Entscheidung ansteht, dann solltest du in dich hineinspüren und wahrnehmen, wie es um die emotionale Balance bestellt ist. Hierbei ist es hilfreich, wenn du dich mit dem Wissen über deine eigene Lebenschart bereits in dieser Beobachterrolle befindest. So kannst du bereits im Alltag deine emotionalen Wellen beobachten. Oft folgen sie gewissen Mustern, die sich wiederholen. Manche erleben jeden Tag emotionale Hochs und Tiefs, für andere baut sich die Welle über Wochen auf, um sich dann einmal im Monat zu entladen. Anstatt von den Wellen mitgerissen zu werden oder zu versuchen, diese zu stoppen, kannst du neugierig beobachten, welche Wellenmuster und emotionalen Themen du entdeckst.

Sobald sich dann eine Entscheidung zeigt – sei es über einen Impuls, eine Reaktion oder eine Einladung –, bist du bereits daran gewöhnt, zu beobachten. Du darfst lernen, dass du Entscheidungen niemals sofort treffen musst. Auch wenn es verlockend ist und du vor allem in einer emotionalen Hochphase am liebsten »Ja« zum nächsten Urlaub oder zum neuen Jobangebot sagen würdest – meist tust du gut daran, ein wenig Abstand zu nehmen. Wenn dich jemand versucht, zu drängen, ist es nicht die richtige Einladung oder Möglichkeit für dich. Jede Entscheidung, die es verdient, in Betracht gezogen zu werden, kann auf dich und deine Klarheit warten. Die Faustregel für die emotionale Entscheidungsweisheit ist definitiv: Schlafe eine Nacht darüber, bevor du eine Entscheidung triffst. Triff niemals mitten in einer emotionalen Welle (egal ob aus Begeisterung oder tiefer Trauer) eine Entscheidung.

Selbst wenn du dich klar und emotional geerdet fühlst, kann es einfach mehr Klarheit bringen, einen Schritt zurückzutreten und die Entscheidung eine Nacht ruhen zu lassen. Wenn du bereits weißt, dass sich deine emotionale Welle in einem wöchentlichen Rhythmus zeigt, kann es umso wertvoller sein, diese Woche abzuwarten, um die Entscheidung zu treffen. Für kleine Entscheidungen im Alltag, zum Beispiel ob du zum Essen ausgehen möchtest oder ob du dich mit einer Freundin treffen möchtest, kannst du natürlich deinen aktuellen Emotionen folgen. Hast du Lust auf ein trubeliges Restaurant oder ist dir eher nach einem ruhigen Abend zu Hause und Pizzaservice? Steht dir heute der Sinn nach Gesellschaft oder eher nicht? Diese kleinen alltäglichen Entscheidungen kannst du auch spontan gut für dich treffen. Doch wenn es um große Entscheidungen geht, ob Beziehungen, Job, Wohnort oder andere wichtige Lebensentscheidungen, bist du besser beraten, dir Raum und Zeit zu nehmen.

Die Faustregel für die emotionale Entscheidungsweisheit lautet: Schlafe eine Nacht darüber, bevor du eine Entscheidung triffst.

Mit deiner emotionalen Welle wirst du alle möglichen Punkte der Entscheidung betrachten können – du wirst die Hochs und die Tiefs spüren, praktisch jeden Winkel ausleuchten, bevor du die Entscheidung für dich triffst. Wenn du dir am Ende zu etwa 75 Prozent sicher bist, dass diese Entscheidung sich gut anfühlt, dann kannst du dies kommunizieren. Triffst du die Entscheidung hingegen in den Auf und Abs deiner Welle, dann wirst du dich weiterhin in dieser emotionalen Achterbahn befinden. Sprich: Wenn du einen Job annimmst, bevor du in der emotionalen Klarheit angekommen warst, um diese Entscheidung ganzheitlich zu treffen, so wird dich dieser Job möglicherweise weiter ins emotionale Chaos stürzen. Triffst du die Entscheidung hingegen aus der Klarheit heraus, so wirst du diese Klarheit auch verstärkt in deiner neuen Arbeitsstelle finden und dich nicht alle paar Tage fragen, ob du besser kündigen solltest. So ersparst du dir Entscheidungen, die revidiert werden müssen oder dich an Dinge binden, die du in deinem Leben nicht haben möchtest.

Wichtig ist auch eine offene und ehrliche Kommunikation. Sage offen zu anderen, dass du eine Nacht darüber schlafen möchtest oder dass es noch ein paar Tage dauert, bis du auf sie und ihr Angebot zurückkommst. Denke immer daran, dass deine starken Entscheidungen nicht nachteilig für andere sind. Deine klaren Grenzen für die Entscheidungsfindung ersparen allen Betroffenen viel unnötige Verwirrung. Du darfst dir Raum und Zeit nehmen, um Klarheit zu finden und Entscheidungen zu treffen, die auf deinen Lebensweg gehören.

Affirmation für die emotionale Entscheidungsweisheit

Ich nehme mir Raum und Zeit, meine Entscheidungen zu treffen, und fühle alle Emotionen, die sich auf diesem Weg zeigen. Die Entscheidungen, die ich in Klarheit treffe, bringen mich auf den für mich richtigen Weg.

Wie du Menschen mit emotionaler Entscheidungsweisheit unterstützen kannst

Das Wichtigste für Menschen mit emotionaler Autorität ist es, genug Raum und Zeit für ihre Entscheidungen zu haben. Möglicherweise sind sie im ersten Moment völlig begeistert von der Entscheidung, im nächsten Moment wirken sie unsicher und in sich gekehrt. Für sie gibt es keine Wahrheit im Moment. Darum sollten wir keine spontanen großen Entscheidungen von ihnen verlangen.

Vielleicht tickst du da ganz anders und bringst eine spontane Entscheidungsweisheit mit – sei dir dessen bewusst, dass dies nicht für jeden das Richtige ist. Gib anderen den Raum, den sie brauchen. Bewerte ihre Emotionen nicht. Projiziere sie nicht auf dich und versuche nicht, einzugreifen. Du kannst den Raum halten und beispielsweise anbieten, dass du da bist, wenn sie über die Entscheidung sprechen wollen. Nimm es aber nicht persönlich, wenn ihr Entscheidungsprozess ein anderer ist. Akzeptiere vor allem das Endresultat – niemandem ist damit gedient, wenn eine Entscheidung gegen die eigene Autorität getroffen wird.

Am Ende der emotionalen Welle liegt immer Klarheit. Diese Klarheit wird für alle Beteiligten der höchste und beste Ausdruck der Entscheidung sein.

DIE SAKRALE ENTSCHEIDUNGSWEISHEIT – FOLGE DEINEM BAUCHGEFÜHL

»Folge deinem Bauchgefühl« – dieser Rat trifft diese Autorität auf den Punkt. Denn die sakrale Entscheidungsweisheit entspricht dem, was wir gesellschaftlich meist als Bauchgefühl bezeichnen. Es ist eine spontane körperliche Reaktion auf etwas, das sich im Umfeld gezeigt hat. Da nur Generatorinnen oder Manifestierende Generatorinnen eine sakrale Entscheidungsweisheit haben können, besteht ein sehr direkter Zusammenhang mit der Strategie dieser Typen, nämlich auf das Leben zu reagieren und zu antworten. Mit der sakralen Autorität kommt die Antwort direkt aus dem Bauch. Meist zeigt sich diese Antwort als ein Mh-hm (Ja), Mh-mh (Nein) oder einem etwas weniger ausdrucksstarken Mhm (Vielleicht). Sie ist spontan und funktioniert aus einem Urinstinkt heraus. Der Bauch reagiert nur wenige Millisekunden, nachdem sich die Option im Energiefeld gezeigt hat, und erst danach mischt sich der Verstand ein.

Mit der sakralen Autorität kommt die Antwort direkt aus dem Bauch.

Leider haben wir verlernt, diesen spontanen körperlichen Instinkten zu vertrauen. Wir analysieren lieber, ob die Entscheidung sinnvoll und logisch zu begründen ist oder eben nicht. Der Bauch beantwortet aber lediglich die Frage: Ist Energie dafür vorhanden oder nicht? Möchte ich dafür Energie einsetzen oder nicht? Denn für (Manifestierende) Generatorinnen ist dieses Center der stärkste Motor in der Chart. Es ist das Center, das Ausdauer und Kreativität schenkt sowie die Freude, etwas zu erschaffen. Sagt der Bauch Nein, so steht für diese Aktivität oder Möglichkeit gerade keine Energie zur Verfügung. Vielleicht ist die Generatorin aktuell bereits in genügend Projekten involviert, dann kann das Mh-mh anzeigen, dass es reicht. Wenn sie gegen die Bauchstimme agiert, geht sie möglicherweise über ihre Grenzen. Oder die aufgezeigte Möglichkeit ist einfach nicht das Richtige für eine Manifestierende Generatorin und würde sie von ihrem Weg abbringen.

Die Antworten aus dem Bauch heraus ergeben meist erst einmal keinen Sinn, da sie nicht dem Bewusstsein, sondern einer rein energetischen Ebene entstammen. Reagiert der Bauch mit einem Mh-hm und wird in dem Moment, in dem sich die Option im Feld zeigt, Energie freigesetzt und du spürst ein aufgeregtes Kribbeln, dann weißt du, dass dir diese Möglichkeit Freude und Energie bringt. Denke immer daran: Die Grundenergie des Sakral wird durch Lebensfreude angefeuert. Es ist also keinesfalls verwerflich, seine Entscheidungen so zu treffen, dass sie einem die meiste Freude bringen. Folgst du deinem Bauchgefühl, dann wird das sowieso die Konsequenz sein.

Das Sakral reagiert am besten auf Ja/Nein-Fragen und auf Optionen, nicht auf offene Fragen. Meist wird sich einfach eine Möglichkeit zeigen, zum Beispiel eine neue Fortbildung oder die Gelegenheit, in den Urlaub zu fahren. Dein Bauch reagiert mit Ja, Nein oder Vielleicht. Entweder du machst es oder eben nicht. Möchte zum Beispiel dein Partner gemeinsam mit dir eine Entscheidung treffen, dann wäre die geeignete Frage nicht: »Wohin möchtest du im Urlaub?«, sondern:

»Möchtest du mit mir in den Urlaub fahren?«
»Ja!«
»Wollen wir mit dem Camper nach Schweden?«
»Mh-mh«
»Magst du mit mir nach Südfrankreich in die Sonne fliegen?«
»Yes!«
So ist dein Bauchgefühl bei jedem Schritt dieser Entscheidung an deiner Seite.
Dieses Gespräch könnte natürlich noch viel länger sein und so eine »sakrale Fragerunde« kann zudem bewusst eingesetzt werden, wenn du das Gefühl hast, festzustecken oder eine wichtige Entscheidung treffen musst. Dein Bauchgefühl ist keine magische Glaskugel, das in die Zukunft schauen kann. Es reagiert im jeweiligen Moment und hat die Wahrheit auch nur für diesen Moment. Du darfst lernen, deinem Bauchgefühl zu vertrauen. Nur weil etwas heute für dich richtig ist, kann es in einem halben Jahr schon anders aussehen. Genauso kann etwas, das gerade ein Nein ist, in ein paar Tagen ein Ja sein. Wichtig ist noch, zu betonen, dass ein Mhm – also ein Vielleicht – immer ein Nein ist. Ein Mhm bedeutet meist, dass es noch nicht der richtige Zeitpunkt oder die richtige Möglichkeit ist. Für das Bauchgefühl gilt der Spruch »Wenn es kein Hell Yes ist, dann ist es ein Nein!«
Wenn du mit deiner sakralen Entscheidungsweisheit durchs Leben gehst, brauchst du tiefes Vertrauen in dich, in deine innere Weisheit sowie ins Leben. Du darfst mit kleinen Entscheidungen beginnen, zu experimentieren. Je mehr Sicherheit du gewinnst und desto mehr Vertrauen du zu deinem inneren Kompass fasst, desto leichter wird es dir fallen, auch die großen Entscheidungen mit deinem Bauchgefühl zu

treffen. Das Bauchgefühl steht dir in jedem Moment zur Seite – ganz egal ob es darum geht, ob du heute lieber ins Fitnessstudio oder zum Yoga gehen magst oder ob du deinen Job kündigen und etwas Neues suchen magst. Keine Entscheidung ist zu groß oder zu klein für dein Bauchgefühl. Und falls du dich einmal gegen es entscheidest, erinnere dich daran, dass du in jedem Moment neu entscheiden darfst!

Affirmation für die sakrale Entscheidungsweisheit

Ich vertraue meinem Bauchgefühl bei jedem Schritt auf meinem Weg. Meine Lebensfreude ist die ultimative Richtlinie für meine Entscheidungen und ich darf mein Leben in Leichtigkeit gestalten.

Wie du Menschen mit sakraler Entscheidungsweisheit unterstützen kannst

Menschen mit dieser Entscheidungsweisheit treffen spontane Entscheidungen. Manchmal rutscht ihnen schon ein Ja (Mh-hm) oder ein Nein (Mh-mh) heraus, bevor die Frage zu Ende gestellt wurde. Ihr Bauch reagiert in Millisekunden und meist merkt man das auch an ihrer Ausstrahlung – bei einem Ja strahlen sie Freude und Energie aus, hingegen zieht ein Nein die Energie eher zurück.

Im Miteinander kann eine so direkte Antwort irritierend sein. Manchmal ist die automatische Reaktion darauf: »Du hast ja nicht mal darüber nachgedacht.« Fakt ist, dass Menschen mit sakraler Autorität nicht darüber nachdenken müssen. Sie spüren es einfach tief in ihrem Bauch und wenn sie – aus schlechtem Gewissen, aus Angst vor Konfrontation oder aus einem sonstigen Mangel heraus – etwas gegen dieses Bauchgefühl entscheiden, dann zieht das nicht nur ihre Energie, sondern auch die Energie von allen um sie herum. Die (Manifestierenden) Generatorinnen sind hier, um in Freude zu erschaffen und alle anderen dadurch mit Energie zu versorgen. Dies können sie nur tun, wenn sie diesem instinktiven Bauchgefühl trauen und nur die Entscheidungen treffen, die sie mit Freude und Energie erfüllen. Wenn du sie dabei unterstützen möchtest, kann es hilfreich sein, sie immer wieder daran zu erinnern, sich mit dem Körper zu verbinden. Im Moment der Entscheidungsfindung rutscht die Aufmerksamkeit nämlich schnell in den Kopf. Für eine sakrale Reaktion darf man achtsam für die körperlichen Signale sein. Kindern fällt das meist leichter als Erwachsenen, aber auch diese können es mit Übung und Vertrauen wieder schaffen, ihre authentische Bauchreaktion wahrzunehmen. Außerdem hilft es, wenn du Menschen mit sakraler Autorität geschlossene Fragen stellst oder Optionen vorgibst, auf die sie reagieren können. Bei offenen Fragen fühlen sie sich meist verloren, weil das Bauchgefühl keine Reaktion zeigen kann.

DIE MILZ-ENTSCHEIDUNGSWEISHEIT – VERTRAUE DEINEN INSTINKTEN

Die Milz ist eines der ältesten Center der Chart und stellt unser Urbewusstsein dar. Sie ist unser Center für Intuition und Instinkt. Daher trifft man mit dieser Entscheidungsweisheit die Entscheidungen im Bruchteil einer Sekunde instinktiv im Einklang mit den eigenen feinfühligen Sinnen. Unsere Sinne sind die schnellste Verbindung zur Außenwelt und so viel feinfühliger als das mentale Bewusstsein des Verstandes. Der Verstand sieht nur das, was für ihn direkt greifbar ist. Dein Instinkt zeigt dir das, was zwischen den Zeilen steht, zeigt dir, was komisch riecht oder sich einfach falsch anfühlt. Meist kann man im ersten Moment keinen Sinn darin erkennen und für Außenstehende mag die Entscheidung nicht nachvollziehbar sein. Für die Milz-Autorität passt am besten der Satz: »Vertraue deiner Intuition.«

Für die Milz-Autorität passt am besten der Satz: »Vertraue deiner Intuition.«

Die Milz-Autorität (meist einfach als »Milz« bezeichnet) zeigt sich in einer fast übersinnlichen Wahrnehmung und ist sehr sensibel für mögliche Gefahren, die sich für dich selbst oder auch für deine Liebsten zeigen können. Sie ist am verlässlichsten für dich selbst und zeigt sich meist über deine Sinne und den Körper (Geruch, visuelle oder körperliche Wahrnehmungen, Gehör). Manchen Menschen läuft ein Schauer über den Rücken, andere haben ein besonders feines Gehör oder riechen, dass etwas faul ist. Wieder andere beschreiben es wie unsichtbare Glastüren, die sich öffnen und schließen, wenn sie ihren Weg gehen wollen. Ist etwas nicht korrekt, so spüren sie die geschlossene Tür als Barriere und können ihren Weg anpassen. Die Milz macht sich spontan bemerkbar, wenn sich ein neuer Impuls oder eine neue Einladung zeigen. Meist muss die Einladung nicht einmal ganz ausgesprochen sein, da weiß man schon die Antwort. Denkt man über Argumente nach, rutscht man in den Verstand. Vertraut man der ersten Wahrnehmung – so abwegig sie auch scheinen mag –, bleibt man auf dem richtigen Weg. In manchen Situationen zeigt sich der Milz-Instinkt nur einmal, sobald diese neue Möglichkeit ins Leben getreten ist. In anderen ist es eine Wahrnehmung, mit der man verbunden bleiben kann, solange die Entscheidung im Raum steht. Wenn eine große Entscheidung ansteht, zeigt sich die Milz-Intution meist in den ruhigen Momenten, in denen man für sich ist. Ist man mit anderen Menschen zusammen, nimmt man möglicherweise ihre Emotionen oder Erwartungen wahr und verstärkt diese. Für Menschen mit dieser Autorität ist es wichtig, regelmäßig Ruhe zu suchen, lange Spaziergänge in der Natur zu machen oder Achtsamkeit zu üben und bewusst das Handy und alle äußeren Einflüsse loszulassen. Für Projektoren wird sich diese Autorität so zeigen, dass sie spontan und direkt wissen, welche Einladungen sie annehmen wollen. Sie spüren intuitiv, bei welchen Menschen sie sich gesehen fühlen. Für Manifestoren ist es eine sehr natürliche Autorität, denn sie können blitzschnell ihren Impulsen folgen und wissen sofort, welche für sie die richtigen sind. Die Milz ist als blitzschnelle Superpower immer an ihrer Seite.

Das Wunderbare an dieser Entscheidungsweisheit ist, dass die Milz mit ihrer Spontanität für alle großen und kleinen Entscheidungen im Leben bereitsteht. Du kannst damit experimentieren und auf einem Waldspaziergang mit deiner Milz entscheiden, welchen Weg du einschlagen möchtest. Du kannst sie nutzen, um zu spüren, welches Essen heute für dich das richtige ist. Die Milz wird dich immer sicher und gesund erhalten. Je stärker du in kleinen Dingen die Verbindung mit deiner Intuition aufbaust, desto mehr wirst du ihr auch vertrauen, wenn es um die großen Entscheidungen im Leben geht. Vielleicht kannst du dir nicht erklären, warum dir deine Milz intuitiv zeigt, dass du einem Menschen nicht deine Finanzen anvertrauen solltest. Doch wenn du dich gegen diese Milz-Weisheit entscheidest, solltest du dich nicht wundern, wenn es sich in zwei bis drei Jahren als Wahrheit herausstellt. Gleichzeitig gibt es Menschen, bei denen du dich intuitiv wohlfühlst, ohne dass du es erklären kannst, und nach einiger Zeit bemerkst du, dass du dich auf sie verlassen kannst. Warte also nicht darauf, dass dein Verstand dir zeigt, dass du richtigliegst, sondern triff in Selbstvertrauen und mit intuitivem Bewusstsein starke Entscheidungen.

Affirmation für die Milz-Entscheidungsweisheit

Meine Intuition ist meine Superpower und mit ihr bin ich so unverwundbar wie Wonderwoman. Solange ich dieser intuitiven Weisheit folge, bin ich sicher und treffe die richtigen Entscheidungen für meinen Seelenplan.

Wie du Menschen mit Milz-Entscheidungsweisheit unterstützen kannst

Menschen mit dieser Entscheidungsweisheit haben eine sehr intuitive und instinktive Verbindung zu ihrem Körper. Diese Verbindung solltest du ehren und nicht untergraben. Es kann gut sein, dass ihre Entscheidungen in deinen Augen keinen Sinn ergeben. Doch wenn diese Menschen ihrer Intuition folgen, bleiben sie nicht nur selbst sicher, sondern sie sorgen auch dafür, dass ihre Liebsten in Sicherheit sind. Wer mit einem Menschen mit definiertem Milz-Center zu tun hat, spürt in der Regel, dass er sich auf ihn verlassen kann und dass dieser Mensch eine verlässliche Quelle für Entscheidungen ist. Möglicherweise funkt uns unser Verstand oder unsere eigene Energie dazwischen und wir zweifeln die Milz-Entscheidungsweisheit an. Wenn du eine andere Entscheidungsweisheit hast (vor allem emotionale, sakrale oder Ego-Autorität), dann sei dir bewusst, dass du jemanden mit Milz-Autorität mit deiner Energie beeinflussen kannst, wenn er oder sie noch nicht in der eigenen Kraft steht. Lass ihm die Ruhe und Zeit, sich immer wieder mit seiner Intuition zu verbinden, und vertraue den Urinstinkten. Wenn dieser Mensch sagt »Das sollten wir nicht essen« oder »Diesem Menschen kann ich nicht vertrauen«, so steckt da meist mehr Wahrheit dahinter, als in diesem Moment logisch zu greifen ist. Auch wenn jemand mit Milz-Autorität nicht in ein bestimmtes Restaurant gehen oder intuitiv eine andere Route auf dem Nachhauseweg nehmen möchte – vertraue darauf. Denn diese Entscheidungsweisheit achtet darauf, dass alle gesund und wohlbehalten durchs Leben gehen können.

DIE EGO-ENTSCHEIDUNGSWEISHEIT – FOLGE DEINEM HERZEN

»Folge deinem Herzen« – das haben wir wahrscheinlich alle schon einmal gehört, wenn wir eine Entscheidung treffen sollten. Für Menschen mit einer Ego-Autorität ist es tatsächlich der richtige Weg. Aber was bedeutet das ganz praktisch?

Ein definiertes Herz/Ego-Center schenkt uns Willensstärke, ein Gefühl für Wert und Selbstwert und die Energie, die Dinge umzusetzen, die einem wichtig sind. Doch diese Energie ist begrenzt. Daher ist es mit dieser Autorität umso wichtiger, zu spüren, wofür man die Herzenskraft wirklich einsetzen möchte. Am besten trifft man also Entscheidungen, indem man sich fragt: »Wohin führt mich mein Herz? In welchem Projekt steckt mein Herz und meine Kraft?« »Was erfüllt mein Herz, was treibt mich an?« und »Habe ich den Willen, die Sache durchzuziehen?«

Die Ego-Autorität schenkt einem die Kraft und den Willen, den eigenen Weg zu gehen und für sich einzustehen!

Dein definiertes Herz/Ego-Center schenkt dir ein gutes Gespür für deinen eigenen Weg sowie für deine Werte. Es verleiht dir außerdem eine gesunde Portion (erleuchteten) Egoismus, der es dir ermöglicht, die für dich wichtigen Dinge durchzuziehen. Die Herzenergie braucht

aber auch regelmäßig Pausen. Daher solltest du mit deinen Entscheidungen achtsam sein und immer deinen Energielevel im Blick haben. Du kannst deine Herzenskraft nicht für alle Projekte hergeben. Du bist hier, um etwas zu verändern, etwas zu bewegen und dafür, gesehen zu werden. Dein Erfolg wird sich automatisch auf die Menschen in deinem Leben auswirken, da das Herz/Ego-Center in der Chart für das Miteinander steht.
Erfolg haben zu wollen oder seinen eigenen Wert zu kennen, ist nichts Verwerfliches. Manchmal wird in spirituellen Kreisen darauf hingearbeitet, das Ego zu eliminieren. Dabei ist das Ego ein essenzieller Teil des Menschseins. Statt es zu besiegen oder zu verstecken, ist es viel wichtiger, das Ego zu heilen. Ansonsten kreiert es nämlich Hierarchien. Du mit deiner Ego-Entscheidungsweisheit kannst zur Heilung beitragen, indem andere von dir lernen, für sich einzustehen. Du kannst vorangehen und sie ermutigen, zu erkennen, dass kein Traum und keine Entscheidung per se richtig oder falsch ist. Viel wichtiger ist die Intention, mit der die Entscheidung getroffen wird. Du darfst dir erlauben, Nein zu sagen, wenn etwas nicht mit deinen Werten oder deinem Selbstwert übereinstimmt. Genauso darfst du auf deine eigene Energie achten und Nein sagen, wenn etwas deine Energie aus der Balance bringt. Beispielsweise kann ein neues Jobangebot an sich super sein, aber die Bezahlung entspricht nicht deiner Vorstellung. Du darfst dir und allen anderen zeigen, dass es alles andere als verwerflich ist, für den eigenen Wert einzustehen.
Wenn du als Manifestorin diese Entscheidungsweisheit in dir trägst, hast du einen sehr großen Einfluss auf andere und einen sehr willensstarken Ausdruck, der andere einschüchtern kann. Deine Wahrheit

drückt sich meist über deine Sprache aus. Als Projektorin mit dieser Autorität kennst du den Wert deiner Energie und darfst entscheiden, ob sich eine Einladung für dich lohnt oder eben nicht. Manchmal ist es für dich leichter, wenn du mit anderen über diese Entscheidung sprichst, doch du kennst deinen Weg und hast ein gutes Gefühl für die Richtung, die dein Leben nehmen darf.

Affirmation für die Ego-Entscheidungsweisheit
Ich weiß, was ich im Leben erreichen möchte, und kenne meinen Wert. Meine Willenskraft und Ausdrucksstärke schenken mir die nötige Energie für die richtigen Dinge. Mit meinen starken Entscheidungen bestärke ich andere Menschen, auch für sich einzustehen.

Wie du Menschen mit Ego-Entscheidungsweisheit unterstützen kannst

Menschen mit dieser Entscheidungsweisheit kennen ihren Wert und wissen, was sie wollen oder eben nicht. Das kann für Außenstehende und das Umfeld manchmal herausfordernd sein. Insbesondere wenn sich deine eigenen Werte von denen dieses Menschen unterscheiden, kannst du dich angegriffen fühlen. Allein die Entscheidung des anderen kann dich in eine kleine Krise stürzen.

Hier ist es wichtig, zu verstehen, dass Menschen mit der starken Ego-Entscheidungsweisheit ihrem Herzen folgen müssen, um das in der

Welt zu realisieren, wofür sie hier sind. Sie haben meist hohe Ziele, Ansprüche und Werte und sie wollen auch für ihr Umfeld sorgen. Anstatt dich davon triggern zu lassen, darfst du für dich selbst reflektieren, wo du Entscheidungen gegen deine Werte oder deinen Selbstwert triffst. Um Menschen mit dieser Autorität zu unterstützen, gilt es meist einfach nur, den Weg frei zu machen und keinen Druck auszuüben. Sie brauchen viel Freiheit und haben spontane Energieschübe, die von langen Pausen unterbrochen werden. In diesen Pausen sammeln sie Kraft und Willensstärke für ihre nächsten Entscheidungen. Akzeptiere immer ein Nein und verstehe, dass eine Entscheidung gegen das Herz nicht im Sinne aller Beteiligten wäre.

DIE SELBST-PROJIZIERTE ENTSCHEIDUNGSWEISHEIT – SPRICH DEINE WAHRHEIT AUS

Das Selbst ist ein besonderes Center in deiner Lebenschart. Es steht für deine Identität, für Verbindung, für Liebe und kann dir außerdem deinen Weg weisen. Das Selbst ist Sitz des magnetischen Monopols und hat eine wichtige Aufgabe innerhalb unserer Inkarnation in diesem Leben, denn es leitet uns auf unserem Weg. Es ist wie ein inneres GPS, das uns immer wieder darauf aufmerksam macht, wenn wir von unserem Weg abkommen. Mit der Entscheidungsweisheit im Selbst hat man ein starkes Gefühl für den eigenen Weg in diesem Leben. Man hat ein gutes Gefühl dafür, wer man ist und wer man auf dieser

Welt sein möchte. Genauso bringt diese Autorität ein stabiles Gefühl dafür mit, was auf den eigenen Weg gehört. Kommt nun eine neue Einladung ins Leben, sind die wichtigsten Fragen für diese Entscheidungsweisheit »Bringt mich das auf den für mich richtigen Weg und in die richtige Richtung?« und »Entspricht das meinem Selbst und meiner Identität? Kann ich mich in dieser Entscheidung entfalten?«.

Um Entscheidungen zu treffen, ist es wichtig, diesen Prozess zum Ausdruck zu bringen. Mit der Entscheidungsweisheit im Selbst kannst du darüber sprechen, darüber schreiben oder dich auf eine andere Art und Weise kreativ ausdrücken.

Da diese Autorität immer mit einem definierten Kehl-Center einhergeht, spielt der Ausdruck eine große Rolle. Für wichtige Entscheidungen brauchst du Raum und Zeit und idealerweise Menschen, mit denen du offen über die Entscheidung sprechen kannst. Diese Menschen sollten nicht versuchen, dich zu beeinflussen, sondern dir einfach den Raum geben und dir zuhören. Trotzdem darfst du dir auch bewusst sein, dass du durch die Offenheit deiner Lebenschart anfällig für Beeinflussungen bist. So kommen Entscheidungen, mit denen du zum Beispiel Konflikte umgehen oder deinen Selbstwert beweisen möchtest, nicht aus dem Selbst, sondern sie haben ihren Ursprung in einem Glaubenssatz und/oder im Verstand.

Dein eigener Prozess, Entscheidungen zu treffen und zu verarbeiten, wird sich über deine Stimme zeigen. Daher ist es so essenziell, dass niemand deinen Redefluss unterbricht oder versucht, ihn zu leiten. Eine offene Frage über die anstehende Entscheidung genügt, um dir den Raum zu eröffnen, zu deiner Entscheidung zu finden. Deine Stimme und Energie werden sich im Laufe des Gespräches wandeln. Meist sagen Menschen, dass ihre Stimme fest und sicher klingt, wenn sie die für sich richtige Entscheidung ansprechen. Im Gegenzug dazu ist die Stimme unsicher, brüchig oder es fehlen ihnen die richtigen Worte, wenn eine Entscheidung nicht ihrer Energie entspricht. Dein Gegenüber darf dir genau diese Dinge spiegeln und achtsam mit dir erkunden. Wenn du das Gefühl hast, für eine wichtige Entscheidung keine unvoreingenommenen Menschen im Leben zu haben, kannst du auch experimentieren und dir selbst Sprachnachrichten senden. Du kannst selbst beim Sprechen darauf achten, wie es sich anfühlt, über die Entscheidung zu reden, oder im Nachgang hören, wie sich deine Stimme verändert. Eine andere Möglichkeit, den Prozess zum Ausdruck zu bringen, ist, über die Entscheidung zu schreiben. Dort kann sich dasselbe Muster zeigen: Wenn es passt, fließen die Wörter, wenn es nicht das Richtige für dich ist, gerät dein Schreibprozess ins Stocken. Probiere einfach aus, welche Art Entscheidungen zu treffen dir mehr liegt und deiner Energie entspricht.

Oft wird mir von Menschen mit dieser Autorität gesagt, dass sie bereits ein tiefes Gespür für ihre Entscheidung haben, noch bevor sie darüber sprechen. Es ist ein Gefühl von »Ich weiß einfach, was das Richtige für mich ist«. Hinzu kommt ein tiefes Vertrauen in den Weg, den das Leben nimmt. Spüre nach, ob du diese Empfindungen angesichts bestimmter Entscheidungen auch in dir wahrnehmen kannst. Im höchsten Ausdruck kannst du mit dieser Autorität Wegweiser für andere sein, die ihren Weg suchen, denn du wirst ihnen ein beständiger Begleiter sein. Achte hier darauf, dass du deinen Weg und deine Entscheidungen nicht auf sie projizierst, sondern sie einfach durch deine Energie an ihren eigenen Lebensweg erinnerst. Das tust du sowieso, wenn du starke Entscheidungen triffst, die dich näher zu deinem Selbst bringen.

Affirmation für die Selbst-projizierte Entscheidungsweisheit

Ich vertraue meiner Stimme und all den Nuancen, die sich zeigen, wenn ich meine Wahrheit zum Ausdruck bringe. Ich bin hier, um die richtigen Menschen um mich zu haben, die mich auf meinem Weg unterstützen. Gleichzeitig bin ich ein Wegweiser für ihren Weg.

Wie du Menschen mit Selbst-projizierter Entscheidungsweisheit unterstützen kannst

Menschen mit der Selbst-projizierten Autorität haben ein sehr starkes Gefühl für ihre Identität und ihren Weg in diesem Leben. Um Entscheidungen zu treffen, die diesem Weg entsprechen, haben sie einen sehr besonderen Prozess. Durch ihr definiertes Kehl-Center hilft es ihnen am meisten, wenn sie die Möglichkeit bekommen, über ihre Entscheidungen zu sprechen. Dabei brauchen sie keine Ratschläge, sondern nur den Raum, durch ihren eigenen Entscheidungsprozess zu gehen.
Am besten unterstützt du diese Menschen mit einer offenen Frage bezüglich der anstehenden Entscheidung. Daraufhin können sie all

der Energie, die aus ihrem Selbst kommt, freien Lauf lassen. Du wirst beobachten können, wie sich ihre Stimme beim Sprechen über die verschiedenen Möglichkeiten verändert. Genau das darfst du ihnen spiegeln und wiedergeben, was du hörst. Dabei geht es wirklich nur darum, bei ihnen und dem von ihnen Gesagten zu bleiben, es ist nicht deine Aufgabe, ihnen in die Entscheidungen hineinzureden oder deine Meinung mit einfließen zu lassen. Das bedarf Achtsamkeit und Übung, denn du musst deine eigene Energie bewusst zurücknehmen können. Denke daran, dass es nicht nur diesen Menschen, sondern auch dir und allen anderen dient, wenn sie den Lebensweg verfolgen, der ihnen entspricht.

DIE MENTALE ENTSCHEIDUNGSWEISHEIT – FINDE DEN RICHTIGEN ORT

Menschen mit einer mentalen Entscheidungsweisheit sind meist große Denker und verlieren sich gern in logischen Argumenten. Sie sind bestrebt, ständig Neues zu lernen, und haben eine unglaubliche Kapazität, Informationen zu verarbeiten und Wissen aufzunehmen, sowie die Gabe neue Konzepte in die Welt zu bringen. Ihr Verstand nimmt alles auf und ist so etwas wie ihre absolute Superkraft. Die mentale Autorität ist die der Projektoren, die auf dieser Welt sind, um die Dinge anders zu sehen und Energien zu leiten. Sie sind hier, um Einladungen anzuziehen, Anerkennung für ihre Gaben zu bekommen und neue Blickwinkel zu eröffnen. Durch ihre besondere Sichtweise wird alles effizienter und effektiver umgesetzt, wenn sie um Rat gefragt werden. Wenn du eine mentale Entscheidungsweisheit besitzt, dann hast du eine sehr offene Chart. Unterhalb deiner Kehle ist kein Center definiert und diese Offenheit macht dich sehr sensibel für Konditionierungen und Glaubenssätze. Doch darin liegt auch die Weisheit verborgen, für die du hier auf dieser Welt bist. Um starke Entscheidungen treffen zu können, sind in einem ersten Schritt die Glaubenssätze der undefinierten Center aufzudecken und loszulassen.

Durch diese Offenheit ist die Umgebung ein sehr zentrales Element in deiner Entscheidungsfindung. Man könnte sogar einen Schritt zurückgehen und sagen, dass deine Umgebung eine zentrale Rolle dabei spielt, ob du die richtigen Einladungen anziehst oder eben nicht. Wenn du dich geschwächt, ausgelaugt und verbittert fühlst, bist du am falschen Ort mit den falschen Menschen zusammen. Die richtigen Menschen erkennen deine Weisheit und fragen dich um Rat. Je mehr du deine Glaubenssätze loslassen kannst, desto mehr erkennen sie die Weisheit in dir. Du bist unter anderem hier, um anderen Menschen den Weg zu weisen und eine zuverlässige Quelle für Ratschläge und Wissen zu sein. Dein Higher Self des Erfolges wird sich für dich zeigen, wenn du dir erlaubst, ein Vorbild zu sein und lernst deiner Weisheit zu vertrauen.

Die mentale Entscheidungsweisheit ist keine innere, sondern eine äußere Autorität. Daher sind das Umfeld und die Menschen, die einen im Entscheidungsprozess unterstützen, sehr wichtig.

Die mentale Entscheidungsweisheit ist keine innere Autorität wie die bisher besprochenen Autoritäten. Daher funktioniert sie etwas anders, wenn es darum geht, starke Entscheidungen zu treffen. Um deine mentale Energie zum Fließen zu bringen, brauchst du verschiedene Menschen mit unterschiedlichen Energien, die dir zuhören und den Raum für Entscheidungen geben. Du musst mit einer offenen Frage eingeladen werden, deine Erkenntnisse und Gedanken zu einer Entscheidung zu äußern. Gleichzeitig kannst du durch den Austausch Klarheit erlangen. Dabei sollten die Menschen, die dir zuhören, nicht versuchen, dich irgendwie zu beeinflussen oder in eine Richtung zu drängen. Sie sind einfach da, um den Raum zu halten und als Gegenüber möglicherweise zu spiegeln, was sie hören und wahrnehmen. Durch den Austausch erkennst du deine Wahrheit.

Ich habe vermehrt von mentalen Projektorinnen gehört, dass sie es durch ihre energetische Offenheit auch körperlich wahrnehmen, sobald sie sich in die Entscheidung oder in ein neues Umfeld begeben. Sie spüren einfach, ob sie am richtigen Ort sind oder ob sich die Entscheidung gut anfühlt. Viele sprechen von enormer körperlicher Erschöpfung, wenn die Entscheidung oder der Ort falsch ist. Andere erzählen von Krankheitssymptomen oder dunklen Gedanken. Das kann sich für jede mentale Projektorin anders anfühlen.

Es ist wichtig für dich, die Signale deines Körpers genau wahrzunehmen und ein Gespür für die richtige Umgebung und die richtigen Menschen zu bekommen. Dafür ist es nötig, mit dem eigenen Körper und der eigenen Energie zu experimentieren. Trau dich, verschiedene Umgebungen auszuprobieren, nimm dir genug Raum und Zeit für Entscheidungen, um zu spüren, was das Richtige für dich ist.

Affirmation für die mentale Entscheidungsweisheit
Ich nehme mir Raum und Zeit, um über meine Entscheidungen zu sprechen. Ich bin achtsam und spüre, welche Umgebung und welche Menschen mir guttun. Ich erkenne mich für meine Weisheit an und erlaube mir, nur die richtigen Einladungen anzunehmen, um meine wertvolle Energie zu ehren.

Wie du Menschen mit mentaler Entscheidungsweisheit unterstützen kannst

Für Menschen mit mentaler Entscheidungsweisheit ist es ein Prozess, Entscheidungen zu treffen. Sie brauchen dafür Zeit und Raum. Das ist zu bedenken, insbesondere wenn du selbst eine spontane – zum Beispiel sakrale – Autorität in dir trägst oder viele Center in deiner Chart definiert sind – beispielsweise als (Manifestierende) Generatorin mit emotionaler Autorität. Denn mit deiner Energie prägst und beeinflusst du den Prozess der mentalen Projektoren enorm. Das bedeutet, achtsam und bewusst mit der eigenen Energie umzugehen. Gleichzeitig darf man achtsam sein und diese Menschen einladen, ihre Gedanken zu anstehenden Entscheidungen teilen. Eine mentale Projektorin im Leben zu haben, ist ein großes Geschenk. Sie ist immer eine verlässliche Quelle für wichtige Informationen und hält auch unglaublich stark den Raum für die Prozesse des Gegenübers.
Für den mentalen Entscheidungsprozess sind offenen Fragen und zeitliche Flexibilität wichtig. Nur so kannst du einen Menschen mit dieser

seltenen Entscheidungsweisheit am besten unterstützen. Nimm außerdem wahr, wie er sich mit seiner Entscheidung fühlt. Ist er müde, abgeschlagen oder verbittert, darfst du ihn liebevoll an seine eigene Stärke und Weisheit erinnern und daran, dass er sich neu entscheiden darf. In der richtigen Umgebung und mit den richtigen Entscheidungen gehen diese Menschen auf und ziehen auf allen Ebenen Erfolg ins Leben.

DIE LUNARE ENTSCHEIDUNGSWEISHEIT – IM EINKLANG MIT DEM MOND

Reflektorinnen bringen eine besondere und feinfühlige Entscheidungsweisheit mit, die sie darin unterstützen kann, in ihrer Kraft zu sein und die richtigen Entscheidungen zu treffen. Die lunare Entscheidungsweisheit gehört allein zu den Reflektoren und setzt daher eine Lebenschart mit komplett undefinierten Centern voraus. Der Name dieser Entscheidungsweisheit kommt vom lateinischen »luna«, was »Mond« bedeutet. Es handelt sich also im übertragenen Sinne um eine Mond-Autorität. Für Reflektoren spielt der Mond damit die größte Rolle in ihrem Sein und für ihre Entscheidungen. Wenn wir hier vom Mond sprechen, geht es immer um den aktuellen Mondzyklus und die aktuelle Mondphase sowie den Stand des Mondes in der Human Design Chart.
Wenn wir die Mondin im Nachthimmel beobachten, können wir erkennen, wie sie sich stetig wandelt: von Dunkelheit zu einer Sichelform bis zu ihrer vollkommenen Entfaltung zu einem fast runden

Lichtwesen und dann wieder abnehmend, verschwindend in der Dunkelheit. Und das Monat für Monat. Wir unterscheiden Neumond, und Vollmond, zunehmender und abnehmender Mond. Alle etwa 29,5 Tage beginnt ein neuer Mondzyklus. In diesem monatlichen Rhythmus zieht der Mond auch durch deine Lebenschart, sodass sich die Aktivierungen und damit auch die Art und Weise, wie du dich fühlst, im Laufe des Monats täglich ändern. Für Reflektoren interagiert der Mond besonders stark mit der eigenen Chart und verändert die Gefühle auf täglicher Ebene. Da sich der Mondzyklus jeden Monat aufs Neue wiederholt und immer die gleichen Energien für dich mitbringt, gibt er dem Reflektor eine Art von zyklischer Stabilität.

Deine Energie wandelt und verändert sich im Laufe eines Monats also immer wieder. Wenn es eine wichtige Entscheidung in deinem Leben gibt – zum Beispiel bezüglich Partnerschaft, Beruf, Wohnort, Weltreise – nimmst du dir am besten etwa einen Monat, also einen Mondzyklus, Zeit, mit dieser Entscheidung in den Prozess zu gehen. Durch deine sich wandelnde Energie wird sich auch deine Entscheidung über diesen Zeitraum verändern. Durch die zyklische Wiederholung wirst du nach einem Mondzyklus all deine möglichen Aktivierungen gespürt haben. Du wirst dir darüber im Klaren sein, wie sich die Entscheidung im Verlauf des Monats angefühlt hat.

Durch die zyklische Wiederholung wirst du nach einem Mondzyklus all deine möglichen Aktivierungen gespürt haben, und Klarheit darüber haben, wie sich die Entscheidung über den Monat hinweg angefühlt hat.

In der Praxis kann dies herausfordernd sein, doch ich habe viele Reflektorinnen kennengelernt, die diese Entscheidungsweisheit wirklich leben. Wenn beispielsweise ein Umzug ansteht, so kannst du bereits einen Monat zuvor in der Nachbarschaft verbringen, um ein Gefühl für die Gegend zu bekommen. Sollte ein potenzieller neuer Partner in dein Leben treten, so kannst du den ersten Monat ganz entspannt mit Kennenlernen verbringen. Mache es nicht zu einem Dogma, sondern spiele mit dieser Weisheit, die dir der Mondzyklus schenkt. Außerdem ist nicht jede Entscheidung gleich – bei manchen wirst du bald eine körperliche Klarheit spüren und bei anderen dauert es zwei oder drei Mondzyklen, um einen Entschluss zu fassen.

Affirmation für die lunare Entscheidungsweisheit
Ich bin verbunden mit dem Mond und den Zyklen der Natur. Ich nehme mir die Zeit für meine Entscheidungen, die ich brauche und bin achtsam mit meiner Energie. Ich vertraue, dass mir meine Entscheidungsweisheit den Weg leitet und ein Leben voller Leichtigkeit und Überraschungen ermöglicht.

Achte auf deine Glaubenssätze und auf den Verstand, der die Oberhand gewinnen möchte, und verbinde dich mit deinem Körper und deiner Energie. Für kleinere Entscheidungen kannst du dich in dem Moment leiten lassen und spüren, was dich in dein Higher Self der Überraschung und Leichtigkeit bringt. Als Reflektorin bist du außerdem sensibel für deine Umgebung und hast ein besonders starkes Gefühl dafür, ob du am richtigen Ort und mit den richtigen Menschen zusammen bist. Sie werden dich in deinem Entscheidungsprozess unterstützen und den Raum für dich halten, den du brauchst, um Klarheit zu erlangen.

Wie du Menschen mit lunarer Entscheidungsweisheit unterstützen kannst

Für Menschen mit der lunaren Entscheidungsweisheit ist es meist ein vergleichsweise langer Prozess, die für sie richtigen Entscheidungen zu treffen. Wenn du einen solchen Menschen in deinem Leben hast, darfst du lernen, geduldig zu sein und ihn in dieser zyklischen Entscheidungsweisheit zu unterstützen, indem du den Raum hältst. Das bedeutet, dass du an unterschiedlichen Punkten der Entscheidung, die Möglichkeit bietest, über diese zu sprechen, und dass du keinen Druck ausübst, was die Schnelligkeit der Entscheidung angeht.

Vor allem, wenn du eine spontane Autorität in dir trägst, beispielsweise die sakrale oder Milz-Autorität, oder viele Center in deiner Chart definiert sind, kann es für dich gut sein, diesem Menschen genug Raum und Zeit für sich zu geben, um die Entscheidung zu treffen. Sei achtsam, wenn deine eigenen Glaubenssätze hochkommen, und übertrage sie nicht auf den anderen. Mit der lunaren Entscheidungsweisheit wird dieser Mensch sehr sensibel gegenüber Menschen und Orten sein, und du darfst ihn bestärken, die Umgebungen aufzusuchen, die für ihn die richtigen sind. Das Leben eines Reflektors ist voll Überraschungen, und so kann er manchmal schnell entscheiden, manchmal dauert es einige Monate, bis eine Entscheidung gefällt wird.

WAS STARKE ENTSCHEIDUNGEN MIT STERNENSTAUB ZU TUN HABEN

Nachdem du jetzt deine eigene Entscheidungsweisheit kennengelernt hast und auch entdecken konntest, wie die Menschen in deinem Umfeld starke Entscheidungen für ihren Lebensweg treffen können, stellt sich natürlich die Frage, wie dir dieses Wissen dienen kann. Wie bereits am Anfang dieses Kapitels beschrieben, treffen wir jeden Tag unzählig viele Entscheidungen. Manche sind klein und verändern unseren Lebensweg nicht sehr. Andere erscheinen klein und haben doch große Auswirkungen. Bei manchen wissen wir, welche Veränderungen sie nach sich ziehen, wenn wir uns trauen, die nötigen Schritte zu gehen, und andere ändern wider Erwarten überraschend wenig in unserem Leben. Dass wir so viele freie Entscheidungen treffen können, ist ein unglaubliches Privileg und gleichzeitig auch eine Verantwortung, die wir für uns und andere tragen.

Wahrscheinlich kannst du jetzt mit dem Wissen über deine Entscheidungsweisheit zurückschauen und erkennen, welche Entscheidungen du in deinem Leben im Einklang mit deiner inneren Weisheit getroffen hast und welche nicht. Dazu gibt es eine einfache Übung, die ich gern in meinen Kursen und im Mentoring mache, wenn es darum geht, vertraut mit der eigenen Entscheidungsweisheit zu werden. Dazu betrachtest du einige zentrale Entscheidungen in deinem Leben im Rückblick.

- Schreibe zwei oder drei wichtige Entscheidungen auf, die du intuitiv (und möglicherweise ohne das Wissen über deine Lebenschart) im Einklang mit deiner Autorität getroffen hast.
- Schreibe danach zwei oder drei wichtige Entscheidungen auf, die du aus dem Verstand heraus oder aufgrund deiner Glaubenssätze getroffen hast.
- Nun frage dich, wie es sich für dich angefühlt hat, die jeweilige Entscheidung zu treffen, und wohin es dich gebracht hat. Bewerte oder verurteile dich nicht, sondern spüre einfach in dich hinein.

Als ich meine Entscheidungsweisheit kennengelernt habe (es ist die sakrale Autorität und ich durfte wieder lernen, meinem Bauchgefühl zu vertrauen), hat mir diese Übung sehr geholfen. Ein direktes Beispiel für eine authentische Bauchentscheidung war bei mir damals die Entscheidung, in die Niederlande zu ziehen und Niederländisch zu lernen, um dort zu studieren. Wie es typisch ist für mich als Generatorin, kam dieser Studiengang zu mir und ohne die genauen Daten, Fakten oder Angaben zu haben und ohne jemals in diesem Land gewesen zu sein, wusste ich einfach in dem Moment: »Hell Yes – das ist es!« Diese Entscheidung hat mich zu meinem Partner, zu vielen besonderen Freunden und außergewöhnlichen Erlebnissen gebracht, die ich in meinem Leben nicht missen möchte.

Ganz anders meine Entscheidung ein paar Jahre später, mein Studium fortzusetzen. Ich hatte die Möglichkeit, einen der limitierten Plätze für einen internationalen Studiengang der EU zu bekommen. Alles in mir war unsicher. Es war kein deutliches Ja, aber das Ansehen des

Studiengangs brachte mich dazu, aus meinem Verstand und mit meinem undefinierten Herzen (mit dem Glaubenssatz »Ich bin wertvoll, wenn ich den Studiengang mache und gut abschließe«) zu handeln. Der Studiengang brachte mich nach Portugal, und so kündigte ich meine Wohnung in den Niederlanden, verkaufte meine Möbel und brach quasi meine Zelte ab, um sie in diesem traumhaft schönen und warmen Land aufzuschlagen. Doch in Portugal angekommen, wollte nichts so wirklich funktionieren. Ich fand keine Wohnung, ich fand keinen Anschluss und das Studium langweilte mich extrem. Nach drei Monaten war ich ausgelaugt, ausgebrannt und unmotiviert. Als Generatorin ist es meist schwer, den Weg zu ändern, wenn man sich verpflichtet hat. Doch aufgrund meiner schlechten gesundheitlichen Verfassung musste ich mir eingestehen, dass ich einen Fehler gemacht hatte. Ohne einen Plan zu haben, ohne eine Wohnung oder ein festes Umfeld, zog ich wieder bei meiner Familie in Deutschland ein. Diese Zeit in Portugal, die diese »falsche« Entscheidung mit sich brachte, kostete mich viel Energie und Kraft und es dauerte einige Monate, bis ich mich erholte. Im Vergleich dazu war die Zeit in Holland auch anstrengend und intensiv, denn nach nur vier Wochen Sprachkurs studierte ich Meeresbiologie in dieser fremden Sprache. Auch hier gab es einige schlaflose Nächte und anstrengende Zeiten. Doch meine Energie war eine andere, mein Sakral-Center brachte die nötige Energie auf und mein Energiefeld zog die richtigen Möglichkeiten und Menschen an.

Zu erkennen, wie unterschiedlich die beiden Entscheidungen und die Zeiten, die sie mit sich brachten, für mich waren, hat mir geholfen, zu verstehen, warum meine Entscheidungsweisheit so wichtig für mich ist. Für dich werden es andere Wendepunkte sein, es werden andere Entscheidungen sein, die deine Geschichte schreiben. Aber ich hoffe, dass du dich mithilfe meiner kleinen Geschichte ehrlich hinterfragen kannst und dass du aus deinen bisherigen Schritten lernen kannst. Wenn ich jetzt sagen würde, dass du wahrscheinlich von nun keine »falschen« Entscheidungen mehr treffen wirst, wäre das gelogen. Wir sind alle menschlich und handeln wider besseres Wissen manchmal gegen unsere Entscheidungsweisheit. Doch je mehr Bewusstsein wir für uns und unsere Mechanismen haben, desto achtsamer sind wir mit unseren Entscheidungen.

Und nun zur eigentlichen Frage: Was haben starke Entscheidungen mit Sternenstaub zu tun? Laut dem Human Design sind wir alle mit einem Seelenplan auf die Welt gekommen, mit einer Gebrauchsanweisung, die uns ermöglicht, die authentischste und ehrlichste Version von uns selbst zu sein. Zu unserem Seelenplan gehören auch bestimmte Abzweigungen, Kreuzungen und Umwege. Welche dieser Wege wir einschlagen und welche nicht, das entscheiden wir mit unserer Autorität. Jede Entscheidung, die wir treffen, bringt uns entweder näher zu uns oder sie entfernt uns von unserem eigentlichen Kern. Ich glaube daran, dass jeder von uns hier ist, um in seine Kraft zu kommen und seinen eigenen Weg zu gehen. Genau deshalb schenken uns die Sterne und Planeten diese einzigartige Kombination an Eigenschaften und Besonderheiten. Die Autorität ist zusammen mit der Strategie der schnellste Weg, diese Eigenschaften zu entfalten und die Erfahrungen zu machen, für die wir hier sind. Strategie und Autorität bringen uns auf den für uns richtigen Weg, sodass wir unser kosmisches Potenzial entfalten können.

WEGWEISER AUF DEINER KOSMISCHEN REISE

Du hast nun deinen Human Design Typ, deine Strategie und deine Entscheidungsweisheit kennengelernt. Wenn du diese Elemente zusammensetzt, weißt du bereits, wie du das Leben am besten meistern kannst und wie du mit Menschen und Möglichkeiten interagierst. Gleichzeitig hast du auch gelernt, woher du weißt, welche Impulse, Reaktionen, Einladungen oder Initiationen die richtigen für dich sind. Du weißt außerdem, wie du die Menschen in deinem Umfeld getreu ihres Typs und ihrer Entscheidungsweisheit unterstützen kannst, in ihre Kraft zu kommen.

Kommen wir nun zu dem dritten und letzten Element in diesem Buch, zu den Profilen. Es gibt zwölf Profile, davon kann jedes mit jedem der fünf Typen und seiner Entscheidungsweisheit kombiniert werden. So gibt es den 1/3-Manifestor und den 3/6-Manifestor, den 2/4-Projektor und den 2/4-Generator. Ein Profil ist immer eine Kombination aus zwei Zahlen zwischen 1 und 6, den sogenannten Linien. Es bezeichnet die Persönlichkeitsaspekte, die wir häufig mit uns selbst in Verbindung bringen (»Ich bin schüchtern« oder »Ich bin abenteuerlustig«) oder die andere in uns erkennen. Daher ist es ein weiteres spannendes Element der Lebenschart, das dein Verständnis für deine einzigartige Energie weiter vertiefen kann. Genauso kannst du mit dem Wissen über das Profil viel über die Bedürfnisse deiner Mitmenschen lernen. Lass uns gemeinsam die sechs Linien entdecken, die die Basis der zwölf Profile bilden, und somit ein weiteres Element deiner Lebenschart entschlüsseln.

LERNE DIE LINIEN DEINES *Profils kennen*

DAS PROFIL UND DEINE LEBENSCHART

Nachdem wir uns ausführlich mit dem Hintergrund deiner Human Design Chart, deinem Typ und deiner Entscheidungsweisheit befasst haben, betrachten wir in diesem Kapitel eine Ebene, die nicht direkt im Energiefluss der Chart zu finden ist und das bisherige Wissen trotzdem ergänzt: dein Profil.

Das Profil besteht immer aus einer Kombination von zwei sogenannten Linien. Wie im Kapitel »Die Lebenschart« beschrieben wurde, sind die Linien die feineren Ebenen der Tore. Jedes der 64 Tore wird in sechs unterschiedliche Energien – Linien – aufgeteilt, und so gibt es für jedes Tor sechs mögliche Ausdrucksweisen. In der Lebenschart kannst du die Linien für jedes durch einen Planeten aktivierte Tor ablesen. Für jedes deiner Tore gibt es eine Kombination aus Zahlen – eine Zahl zwischen 1 und 64 vor dem Punkt und eine zwischen 1 und 6 nach dem Punkt. Wie am Anfang des Buches erläutert, basieren die 64 Tore auf den 64 Hexagrammen des I Ging, und auch die sechs Linien lassen sich davon ableiten.

Es gibt schier unendlich viele Kombinationsmöglichkeiten aus den Planeten, Toren und Linien, dabei drückt sich jede Kombination energetisch anders aus. Spätestens jetzt sollte dir bewusst sein, wie einzigartig jede Chart ist. Dazu kommen weitere Ebenen der Chart, die die Einzigartigkeit deines Ausdrucks prägen und dir helfen können, sie noch besser zu verstehen. All diese Ebenen zu beschreiben, würde den Rahmen dieses Buches sprengen.

Das Profil besteht immer aus einer Kombination von zwei Linien, und zwar den Linien deiner Sonnenaktivierungen.

Nun aber zurück zu deinem Profil. Dein Profil setzt sich aus den Linien deiner Sonnenaktivierungen zusammen. Es wird in der Beschreibung deiner Chart genannt, du kannst es aber auch selbst ablesen: In deiner Lebenschart steht neben dem Sonnensymbol – ein Kreis mit Punkt in der Mitte – das bei dir definierte Tor und hinter dem Punkt die Linie. Notiere die Linie deiner bewussten Sonnenaktivierung (auf der rechten Seite der Chart) und nach einem Schrägstrich die Linie deiner unbewussten Sonnenaktivierung (auf der linken Seite der Chart). Diese Kombination aus zwei Zahlen zwischen 1 und 6 ergibt zusammen mit deinem Typ und deiner Autorität dein einzigartiges Human Design. So stellt man sich in Human-Design-Kreisen oft als 1/3er Milz-Projektorin oder als emotionale Generatorin mit dem Profil 5/2 vor. Diese Kombination gibt deinem Gegenüber ein Gefühl für deine Strategie, zeigt, wie du Entscheidungen triffst und welche Eigenschaften und Bedürfnisse in deinem Profil zu finden sind. Meist fühlen wir uns mit Menschen mit demselben oder einem ähnlichen Profil (die eine oder beide Linien unseres Profils teilen) sehr nahe, da wir auf der Persönlichkeitsebene ähnlich ticken. So können ein Projektor und ein Generator mit einem 5/1er Profil zwar mit ihrer Strategie und Autorität unterschiedlich durchs Leben gehen, aber in ihrer Persönlichkeit wiederum kompatibel sein.

Die Sonne und deine Persönlichkeit

Das Profil wird immer ausschließlich aus den Aktivierungen der Sonne (und der Erde – denn diese aktiviert als Gegenspielerin der Sonne immer dieselbe Linie) abgelesen. Die Linien in den anderen Planeten werden erst relevant, wenn wir tiefer in unser Experiment eintauchen. Warum aber spielt die Sonne eine so große Rolle, wo wir doch so viele weitere Aktivierungen haben? Um diese Frage zu beantworten, schauen wir uns die Relevanz der Sonne in der westlichen Astrologie an und kommen zurück auf die Neutrino-Theorie.

Die Sonne steht im Zentrum unseres Sonnensystems und ist das hellste Objekt am Himmel. Sie ist so groß, dass die Erde über eine Million Mal in sie hineinpassen würde, und durch ihre starke Anziehungskraft hält sie in unserem kleinen Teil des Universums alles zusammen. Als Lichtquelle und Lebensspender für alles, was auf dieser Erde existiert, übt sie auch auf uns energetisch einen großen Einfluss aus. Wenn wir uns an unseren Sternenstaub erinnern und uns die Neutrino-Theorie ins Gedächtnis rufen – die mit Abstand größte Anzahl der Neutrinos auf unserer Erde kommt von der Sonne. Ungefähr 100 Milliarden solare Neutrinos (also Neutrinos der Sonne) passieren jede Sekunde allein deinen Daumennagel.

In der Astrologie identifizieren wir uns meist am stärksten mit unserem Sternzeichen (von Astrologen als Sonnenzeichen bezeichnet). Natürlich ist die astrologische Radix viel mehr, doch die Platzierung der Sonne im Tierkreis beeinflusst unsere Persönlichkeit enorm. Die Sonne ist unser energetisches Äquivalent für »Ich bin«. Sie beschreibt unser größtes Strahlen, unser essenzielles Ich und unsere Kernessenz. Im Human Design sagen die Sonnenaktivierungen etwas darüber aus, welches Licht wir bewusst und unbewusst auf diese Welt bringen. Durch ihre Ausdrucksstärke und Kraft beschreibt die Sonne außerdem unsere Lebenskraft und ist Teil unseres Lebensthemas. Gleichzeitig ist die Erde der Planet unserer (seelischen) Heimat und auch sie wird von unzähligen Neutrinos durchdrungen, bevor diese uns prägen. Zudem ist auch die Erde Ursprung von Neutrinos und prägt im Human Design unseren Lebensweg auf diesem Planeten. Unser Profil beschreibt, wie wir unsere Stärke und unser Lebensthema ausleben, welche Persönlichkeitsaspekte wir für dieses Leben bekommen haben und welche Bedürfnisse wir in Beziehungen mitbringen. Außerdem können wir durch unser Profil verstehen, auf welche Art und Weise wir unseren Lebensweg gehen und unser Leuchten nach draußen bringen, um unserer Bestimmung zu folgen. Damit nimmt das Profil eine zentrale Rolle in dieser Inkarnation ein.

Darüber hinaus steht das Profil im Human Design sowohl für unsere Persönlichkeitsanteile, die sich bewusst ausdrücken, wie auch für die, die sich unbewusst ausdrücken. Das Profil kann uns Aufschluss darüber geben, warum wir uns manchmal so anders sehen als unsere Mitmenschen und welche Kombination an Charaktereigenschaften unsere »Rolle« in diesem Leben mitbringt. Wenn unser Leben ein Film wäre, dann würde der Human Design Typ deine Rolle beschreiben. Vielleicht bist du der Butler, vielleicht bist du die Detektivin. Das Profil würde ausführen, welche Eigenschaften du in dieser Rolle mitbringst. Bist du der lustige, tollpatschige oder der vorbildliche, seriöse Butler? Gehst du als Detektivin nach der Learning-by-Doing-Methode vor, machst Fehler und sammelst so Erfahrungen, oder recherchierst du gründlich, bevor du dich perfekt vorbereitet in einen Fall stürzt? Genau darüber kann uns das Profil Auskunft geben. Außerdem hilft es uns, ein klares Verständnis für die Eigenarten unserer Mitmenschen zu bekommen und ihre Bedürfnisse besser einzuordnen. Natürlich ist das Profil niemals losgelöst zu betrachten, sondern in Verbindung mit dem Typ, der Entscheidungsweisheit und anderen Aspekten der Chart.

Deine bewussten und unbewussten Archetypen

Um die verschiedenen Profile anschaulicher zu machen, spreche ich gern von den Archetypen. Dieses Konzept aus der Psychologie beschreibt universale Urbilder und verbindet diese wiederum mit bestimmten Eigenschaften, Gefühlen und Zielen. Im Human Design gibt es zwölf Profile, die sich aus verschiedenen Kombinationen der sechs Linien beziehungsweise Archetypen ergeben. Jede der sechs Linien bringt ganz bestimme Charakterzüge, Eigenschaften, Gefühle, Bedürfnisse und Aufgaben mit und im Profil werden diese kombiniert.
Die erste Linie deines Profils zeigt den bewussten Archetypen auf, mit den du dich in diesem Leben identifizierst. Du wirst die beschriebenen Charakterzüge, die dazugehörigen Eigenschaften und Bedürfnisse in dir erkennen und die Themen und Gefühle der Linie aus deinem Leben kennen. Die Energie der zweiten Linie deines Profils befindet sich hingegen meist in deinem Unbewussten. Sie beeinflusst tagtäglich dein Leben, doch du wirst sie erst durch dein Experiment und erhöhte Achtsamkeit erkennen. Oft sehen andere Menschen die Qualitäten deiner unbewussten Linie sehr deutlich in dir, denn es ist

die Energie, die für andere ersichtlicher ist als für einen selbst. Wenn du nun diese Linie kennenlernst, darfst du achtsam sein, ob du diese Muster und Themen in deinem Leben erkennst und in dieser Linie Elemente beschrieben werden, die dir von anderen gespiegelt werden. Das Profil ist zwar etwas, das wir automatisch in uns tragen und ausleben. Jedoch können wir uns im Laufe unseres Lebens von unserer Urenergie entfernt haben, da unsere Erfahrungen und unser Umfeld von uns verlangt haben, dass wir uns verändern. Doch je mehr wir mit unserer Energie im Einklang sind – sprich, je mehr wir unseren Typ und seine Strategie verkörpern und Entscheidungen mit unserer Autorität treffen –, desto mehr werden wir auch wieder unser Profil verkörpern. Handeln wir jedoch gegen Strategie und Entscheidungsweisheit und leben nach unseren Konditionierungen, kann es sein, dass wir auch unser eigentliches Profil nicht ausleben.

Ich beschreibe unser Profil auch gern als unser absolutes Lieblingsoutfit, das uns perfekt passt, unsere Persönlichkeit zum Ausdruck bringt und nicht zwickt oder zwackt. Wenn wir es anhaben, fühlen wir uns wie wir selbst. Vielleicht haben wir es uns lange verboten, dieses bunte Lieblingsoutfit zu tragen, weil wir dachten, dass wir im schwarzen Kostüm besser in die Gesellschaft passen. Jetzt wird es Zeit, die falsche Hülle abzulegen. Wir dürfen es uns erlauben, unser Lieblingskleid wieder aus dem Schrank zu holen und genau in dem Outfit wieder nach draußen zu kommen, das uns so zeigt, wie wir sind. Vielleicht kommst du dir zu Beginn etwas seltsam vor, weil du dich lange im schwarzen Kostüm versteckt hast. Aber du wirst schnell merken, wie wohl du dich in deinem Lieblingsoutfit fühlst. Das braucht Zeit und Offenheit. Und wie mit jedem anderen Element der Chart, darf auch hier natürlich experimentiert werden. Sei in diesem Prozess liebevoll mit dir selbst, sei achtsam mit dem, was sich bei dir zeigt. Meist lohnt es sich, an verschiedenen Punkten auf dem Weg mit Human Design wieder zurück zu den Grundelementen zu kommen (Typ, Strategie, Entscheidungsweisheit, Profil), um zu sehen, wie sich die Perspektive mit den neuen Erfahrungen geöffnet und gewandelt hat.

SECHS LINIEN UND ZWÖLF PROFILE

Lass uns nun gemeinsam die sechs Linien und ihre archetypischen Beschreibungen entdecken. Im Folgenden erläutere ich die Bedeutung der sechs Linien, die möglichen Kombinationen und wie sich diese im wahren Leben ausdrücken. Außerdem habe ich einige Journalfragen zusammengestellt, die du nutzen kannst, um zu entdecken, wie sehr du dir bereits erlaubst, dein Profil auszuleben und somit in der Welt dein buntes Lieblingsoutfit zu tragen.

Jede Linie ist mit bestimmten Charakterzügen, Eigenschaften, Weisheiten, Gefühlen, Bedürfnissen und Aufgaben verbunden. Die Archetypen unterscheiden sich voneinander, doch die Linien sind logisch aufeinander aufgebaut, wie es sich aus der Struktur des Hexagramms ableiten lässt. Jeder Archetyp, sprich jede Linie, bringt wichtige Elemente mit, die es uns ermöglichen, gemeinsam ein harmonisches Miteinander zu kreieren. Keine Linie ist besser oder schlechter als eine andere. In deinem Profil trägst du die Kombination zwei dieser Archetypen in dir, und so verbinden sich in dir auch genau diese Charak-

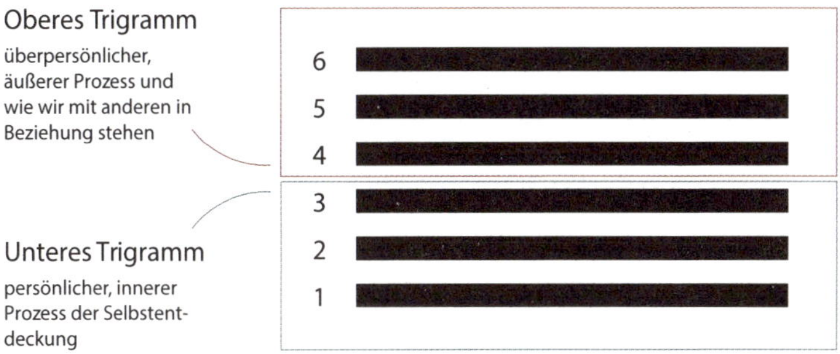

terzüge, Bedürfnisse und Aufgaben. Ähnlich wie beim Typ geht es weniger darum, sich über sein Profil zu limitieren, als vielmehr seine Stärken zu erkennen und diese nachhaltig zu nutzen. Wenn wir unser Profil ausleben, fühlen wir uns meist viel mehr wie wir selbst. Daher schenkt uns das Verständnis für die sechs Archetypen mehr Verständnis für uns und ermöglicht es uns, unseren Liebsten auf einer tieferen Ebene zu begegnen und sie anzunehmen.

Das Hexagramm (mit sechs Linien), aus dem die Linien des Profils abgelesen werden, besteht aus zwei Trigrammen (mit jeweils drei Linien). Die Linien 1 bis 3 bilden das untere Trigramm, das sich energetisch von dem oberen Trigramm, den Linien 4 bis 6, unterscheidet. Die unteren drei Linien beschreiben in ihren Archetypen einen inneren Prozess, bei dem es um Selbstentdeckung geht, zum Beispiel darum, mehr innere Sicherheit zu verspüren, sich selbst genug Zeit für einen kreativen Prozess zu geben oder eigene Erfahrungen zu sammeln. Wenn du tiefer in die Linien 1 bis 3 eintauchst, wirst du merken, dass der Fokus der persönliche Weg in diesem Leben ist. In den oberen drei Linien hingegen geht es darum, wie wir mit anderen Menschen in Beziehung treten und unsere Energie von innen nach außen

tragen. Wir finden hier beispielsweise Energien, die beschreiben, wie wir mit unserem Netzwerk in Kontakt stehen, es geht um das Talent, Wissen mit anderen zu teilen und eine natürliche Vorbildfunktion, die wir im gesellschaftlichen Rahmen einnehmen. Darum ist der Großteil der Profile eine Kombination aus einer inneren, persönlichen Linie (1 bis 3) und einer äußeren, transpersonalen Linie (4 bis 6).
Im Human Design gibt es insgesamt zwölf Profile, die sich, wie beschrieben, jeweils aus zwei Linien zusammensetzen, die wiederum aus der bewussten und unbewussten Sonnenposition abgeleitet werden. Diese zwölf Profile sind die einzigen Möglichkeiten, wie die Linien kombiniert werden können.

Die sechs Linien im Überblick

1er Linie	Die neugierige Forscherin
2er Linie	Das schüchterne Naturtalent
3er Linie	Die furchtlose Abenteurerin
4er Linie	Die zuverlässige Freundin
5er Linie	Die Heldin in jeder Situation
6er Linie	Das natürliche Rollenvorbild

Die zwölf Profile im Überblick

Hier findest du eine Übersicht über die zwölf möglichen Kombinationen der Linien, die das Profil bilden. Die einzelnen Profile werden bei den jeweiligen Linien noch einmal genauer beleuchtet. Schau dazu sowohl bei deiner bewussten als auch bei deiner unbewussten Linie nach.

1/3er Profil	Die abenteuerlustige Forscherin
1/4er Profil	Die freundliche Forscherin
2/4er Profil	Das freundliche Naturtalent
2/5er Profil	Das heldenhafte Naturtalent
3/5er Profil	Die heldenhafte Abenteurerin
3/6er Profil	Die einflussreiche Abenteurerin
4/6er Profil	Die einflussreiche Freundin
4/1er Profil	Die forschende Freundin
5/1er Profil	Die forschende Heldin
5/2er Profil	Die talentierte Heldin
6/2er Profil	Das talentierte Vorbild
6/3er Profil	Das abenteuerlustige Vorbild

DIE 1ER LINIE – DER ARCHETYP DER NEUGIERIGEN FORSCHERIN

Sicherheit, Neugier, Forschergeist, Informationen, Wissen sammeln, Stabilität und Vertrauen, Expertenstatus

Du bist hier, um Sicherheit zu geben und Wissen zu sammeln

Die 1er Linie bildet die Basis und das Fundament der Hexagrammstruktur. Wenn du eine 1er Linie in deinem Profil trägst, so ist der Archetyp der neugierigen Forscherin besonders ausgeprägt bei dir. Dieser Archetyp ist hier auf dieser Erde, um alle Fakten und Details zu überblicken und zu verstehen.

Mit deiner 1er Linie bringst du ein stabiles Fundament für die Gesellschaft mit. In deinem Prozess ist es für dich besonders wichtig, immer gut vorbereitet zu sein und alle Informationen parat zu haben. Diese Informationen schenken eine Art Sicherheit, die von der 1er Linie benötigt wird. Ohne diese Basis fühlt sich das Leben unsicher und wackelig an. Ist diese Sicherheit nicht vorhanden und kann sie nicht gewährleistet werden, wirst du wahrscheinlich schnell in die innere Unruhe und Unsicherheit rutschen. Auch im Zusammenhang mit deiner Entscheidungsweisheit wird es eine große Rolle spielen, ob du alle nötigen Informationen und Grundlagen hast, um deine Entscheidung zu treffen.

Immer gut vorbereitet

Dieses Bedürfnis nach Sicherheit zeigt sich in verschiedenen Lebensbereichen auf unterschiedliche Art und Weise. Stelle dir zum Beispiel vor, du planst eine Reise in ein fernes Land, in dem du noch nie zuvor warst. Du bist durch deine Strategie und Autorität zu dieser Entscheidung gekommen und hast den Mut aufgebracht, die Flugtickets zu kaufen. Entweder hast du dich bis zum Zeitpunkt der Buchung schon ausführlich informiert und wenn nicht, besorgst du dir spätestens jetzt alle Reiseführer, die du finden kannst, und durchstöberst das Internet nach Informationen über dein Reiseziel. Du legst deine Reiseroute fest, lernst die Landkarte in- und auswendig, buchst die Hotels, kannst im Idealfall wenigstens ein paar Worte in der Sprache sagen. Lange bevor du die Reise antrittst, bist du perfekt informiert und weißt mehr über alle Sehenswürdigkeiten sowie die aktuelle Lage als viele Einheimische. Auch im Beruf und bereits in der Schule spielen Vorbereitung und Sicherheit eine wichtige Rolle für dich. Das Schlimmste, was man einer 1er Linie antun kann, ist spontan und unerwartet eine Präsentation von ihr zu verlangen, wenn sie nicht genug Raum hatte, alle Informationen zusammenzusuchen und sich ausführlich vorzubereiten. Für eine 1er Linie wird es immer eine Herausforderung sein, »genug« zu wissen, da es immer neue Erkenntnisse gibt und immer mehr Informationen zugänglich sind. Unsere modernen Suchmaschinen wurden wahrscheinlich für (und durch) die 1er Linien erfunden, um ihren unersättlichen Hunger nach mehr Wissen zu stillen. Hier geht es darum, eine Balance zu finden und zu erkennen, wann genug wirklich genug ist. In unserer Informationsgesellschaft kann man sich sonst als 1er Linie schnell im Nachrichtenchaos verlieren.

In der Kindheit ist für eine 1er Linie Stabilität sehr wichtig und in wichtige Entscheidungen vollkommen mit eingebunden zu werden. Bevor diese Entscheidungen gefällt werden können, brauchen die Kinder alle nötigen Infos. Wenn man ein Kind mit einer 1er Linie mit einem Wochenendausflug überraschen möchte, kann das schnell nach hinten losgehen. Denn das Kind braucht die Möglichkeit, die nötigen Informationen zu sammeln. Am besten holt man es bereits bei der Planung mit ins Boot und bespricht die Fahrtroute, das Ausflugsziel und alles, was es braucht, um im Vertrauen dieses Wochenende genießen zu können.

Sicherheit und Eigenverantwortung

In Beziehungen braucht eine 1er Linie eine gewisse Zeit, um sich zu öffnen. Auch hier werden zuerst Informationen gesammelt. Dies geschieht meist eher indirekt und die 1er Linie versucht abzuschätzen, ob der mögliche Partner ihr die Sicherheit geben kann, die sie benötigt, um Vertrauen aufzubauen. Eine 1er Linie spürt Stärke und Schwäche und sobald sich ein (potenzieller) Partner als schwach herausstellt, wird sie sich distanzieren wollen. Denn eines ihrer stärksten Grundbedürfnisse ist die Sicherheit, und wenn diese auf irgendeine Art und Weise in einer Beziehung nicht gegeben ist, wird es kaum funktionieren. Trotzdem ist Selbstständigkeit und Eigenverantwortung wichtig für eine 1er Linie und sollte ihr in einer Partnerschaft nicht untersagt werden.

Mittlerweile sollte außerdem deutlich sein, dass der (gutgemeinte) Ratschlag »Einfach mal machen, auch wenn man nicht weiß, wie es geht« für eine 1er Linie sehr unpassend ist. Da ein stark ausgeprägtes Grundbedürfnis dieses Archetyps die Sicherheit ist, wäre es falsch zu erwarten, dass dieser Mensch »einfach mal loslegen« oder auf das Sicherheitsnetz verzichten soll. Jeder sollte und darf seinen Weg auf seine ganz eigene Art und Weise gehen. Die 1er Linie hat das Potenzial, eine absolute Expertin auf ihrem Gebiet zu sein und anderen die nötigen Grundlagen zu vermitteln, die sie brauchen. Sie übernimmt Eigenverantwortung in allen Bereichen und vermittelt dies auch anderen.

Die 1er Linie braucht
ein stabiles Fundament an
Informationen und Wissen,
um sich sicher zu fühlen.

Bei alledem ist es wichtig, zu verstehen, dass die 1er Linie Informationen nicht für andere sammelt – es ist ein introspektiver Prozess, der für die eigene Entwicklung gebraucht wird. Die Informationen und Fakten werden dann von Menschen mit einer 1 im Profil im Einklang und in Kombination mit der anderen Linie mit anderen geteilt

Profil-Kombinationen mit der 1er Linie

Im Profil wird die 1er Linie immer mit einer anderen Linie kombiniert, durch die das Wissen getestet, nach außen getragen und angewendet wird. Steht die 1er Linie bei dir an der ersten Stelle, ist dir dieses Bedürfnis nach Sicherheit, Wissen und Fakten sehr bewusst. Es wird dir sehr leichtfallen, dir neues Wissen anzueignen und einen guten Überblick zu behalten. Durch deine andere Linie wirst du dieses Wissen auf anderer Ebene verarbeiten und nach außen bringen.

Mit einem 1/3er Profil wird dich das Leben auf die Probe stellen, dein Wissen auf praktische Art und Weise zu testen. Dir werden Herausforderungen begegnen, die du mit deiner stabilen Grundlage meistern darfst, und du darfst beurteilen, ob das Gelernte einen Sinn ergibt oder nicht. So verbindest du Theorie mit Praxis.

Mit einem 1/4er Profil sind dir deine Freundschaften und dein Umfeld sehr wichtig, denn sie geben dir noch eine weitere Art der Sicherheit. Darüber hinaus hast du durch dein Umfeld die Möglichkeit, das Erlernte nach draußen zu tragen und mit deinen Mitmenschen zu teilen. So entsteht eine schöne Synergie, denn du lernst von diesem Austausch wieder Neues, was du in deinem eigenen Tempo weiter vertiefen kannst.

Befindet sich deine 1er Linie an der zweiten Stelle deines Profils, wird dich die Suche nach neuem Wissen unbewusst durchs Leben führen. In allen Lebensbereichen ist eine gute Basis eine wichtige Grundvoraussetzung für deine innere Ruhe. Unser Unbewusstsein beeinflusst unsere Handlungen stärker als unsere bewussten Anteile, und so wirst du bei näherem Betrachten spüren, wie oft du dich nach Sicherheit sehnst und ein Fundament brauchst, um vertrauen zu können. Dein Körper sehnt sich nach Sicherheit, um sich voll und ganz entfalten zu können.

Mit einem 4/1er Profil bringst du eine starke Stabilität aus dir heraus mit und dein Wissen und deine Kontakte werden dir die richtigen Möglichkeiten senden. Wenn du ein stabiles Wissen aufgebaut hast und nicht aufhörst zu lernen, werden dir die Menschen in deinem Umfeld die richtigen Einladungen, Impulse und Reaktionen ermöglichen.

Mit einem 5/1er Profil hast du die Kapazität, dein Wissen zugänglich zu machen und damit viele Menschen zu erreichen. Viele sehen in dir eine Heldin, die fundierte Lösungen parat hat. Du kannst durch dein logisches Verständnis große Probleme lösen und andere positiv mit deinem Wissen beeinflussen.

Journalfragen für die 1er Linie

- Erlaubst du dir, die nötige Sicherheit aufzubauen?
  Was benötigst du für eine stabile Basis in den unterschiedlichen Lebensbereichen?
- Auf welchem Gebiet möchtest du eine Expertin sein?
  Von welchen Dingen bekommst du gerade nicht genug, sodass du immer mehr Informationen suchst?
- Wo hält dich deine Unsicherheit noch davon ab, in die Umsetzung zu kommen? Wo hältst du dich noch klein, obwohl du bereits so viel Wissen in dir trägst?

Erinnerung für die 1er Linie

Du bist hier auf dieser Welt, um ein stabiles und sicheres Fundament für uns alle aufzubauen. Du bist eine Expertin auf deinem Gebiet und entwickelst dich immer weiter. Dein stabiles Fundament bekommst du durch Recherche, genügend Fakten und indem du tief in die Dinge eintauchst. Wenn du dir erlaubst, komplexe Fragen zu stellen und Antworten darauf zu finden, bringst du eine unglaubliche Tiefe mit.

DIE 2ER LINIE – DER ARCHETYP DES SCHÜCHTERNEN NATURTALENTS

Leichtigkeit, Naturtalent, natürliche Begabung und Talente, Schüchternheit, Zurückhaltung, Introversion, dem Ruf folgen

Du bist hier, um deine Gaben in Ruhe zu verfeinern

Die 2er Linie mit dem Archetyp des schüchternen Naturtalents unterscheidet sich signifikant von den Aspekten der 1er Linie, obwohl sie im Hexagramm der nächste Baustein ist. Wenn man die Persönlichkeitsaspekte der 2er Linie betrachtet, erkennt man aber immer wieder diesen logischen Aufbau, der sich aus der Struktur des Hexagramms ableiten lässt. Im Gegenzug zur 1er Linie lernt die 2er Linie nicht durch Fakten und Daten. Menschen mit der 2er Linie bringen Gaben und Talente mit, für die sie zunächst keine formelle Ausbildung brauchen.

Wenn du die 2er Linie in deinem Profil trägst, werden dir gewisse Dinge sehr leichtfallen, denn wie der Name es bereits beschreibt, bist du in vielen Dingen ein Naturtalent. Oft weißt du gar nicht, wo du etwas gelernt hast, oder kannst nicht beschreiben, wie du auf eine Lösung gekommen bist, denn du weißt es selbst nicht. Je nachdem wie bewusst du dein Design bereits lebst, kann es auch sein, dass du deine eigenen Gaben und Talente noch gar nicht entdecken konntest. Doch es wird genug Dinge in deinem Leben geben, die dir augenscheinlich zufallen. Andere beobachten dies bei dir und sind begeistert – manchmal auch eingeschüchtert – von der Leichtigkeit, mit der du bestimmte Aufgaben bewältigst. Wenn du selbst noch nicht erkannt hast, wo deine Talente liegen, kann ich dir garantieren, dass du nur ein paar Leute in deinem Umfeld danach fragen musst, und schon kommen deine Gaben ans Licht. Dir fallen sie meist gar nicht auf, weil du davon ausgehst, dass diese Dinge jedem anderen genauso leichtfallen wie dir. Dass sie deine absolute Superpower ausmachen, war dir gar nicht klar.

Rückzug und Zeit für sich

Meist befindest du dich in deinem eigenen Raum und machst einfach »dein Ding«, sodass du gar nicht bemerkst, dass du vielleicht beobachtet wirst. Diesen eigenen Raum, der sowohl zeitlich als auch räumlich gemeint ist, brauchst du aber dringend, um deine Talente weiterzuverfolgen und Kraft zu tanken. Denn ein anderes Synonym für den Archetypen der 2er Linie ist der »Einsiedler«. Menschen mit einer 2er Linie im Profil sind häufig sehr zurückgezogen und in ihrer Energie eher introvertiert. Introversion bedeutet hier, dass Energie daraus gewonnen wird, für sich allein zu sein, und es viel Energie kosten kann, permanent in Kontakt mit anderen zu sein. Denke aber auch daran, dass die 2er Linie nur ein Aspekt des Profils ist und beispielsweise mit einem eher extrovertierten Anteil kombiniert sein kann. Zu der Fähigkeit, viel Zeit allein verbringen zu können, kommt eine natürliche Schüchternheit dazu. Eine 2er Linie ist meist eher zurückhaltend, bis sie aus ihrer Höhle, also ihrem ganz eigenen Raum, herausgeholt wird. Wenn sie einmal auftaut, dann kann sie auch sehr direkt und forsch sein, doch in ihrer Energie wird sie immer zuerst mit ihrer Zurückhaltung auffallen.

Ich habe gesagt, dass zunächst eine formelle Ausbildung nicht unbedingt nötig ist. Doch es kann sein, dass Menschen in deinem Umfeld deine natürlichen Talente entdeckt haben und dich aus deiner Höhle rufen. Sie wollen, dass du deine Gaben mit anderen teilst. Dieser Ruf ist eine natürliche Folge, wenn du mit deiner 2er Linie einfach dein Ding machst. Nun darfst du entscheiden, ob du mit deinem Talent nach draußen treten möchtest. Dafür ist es wichtig, zu spüren, ob du bereits genug weißt oder ob du (durch eine Fortbildung oder mithilfe einer Person mit der 1er Linie) die nötigen Lücken auffüllen möchtest, um dann gestärkt hinauszutreten und deine Gaben mit der Welt zu teilen. Das Wichtigste hier ist, zu verstehen, dass wenn du noch nicht bereit bist (hier wird dich deine Entscheidungsweisheit lenken) und trotzdem nach draußen trittst, Enttäuschung erfahren kannst.

Vielleicht hast du dir selbst eine Programmiersprache beigebracht oder gelernt, wie man Videos und Fotos schneidet und bearbeitet. In deinem eigenen Raum ist es dir sehr leichtgefallen, doch nun sollst du dies für andere Menschen machen. Der Druck und die Erwartungen steigen und wenn du dem Ruf folgst, obwohl du noch nicht bereit bist, kann es sein, dass du dich und andere enttäuschst. Hast du einmal diese Enttäuschung erlebt, wird es für dich schwer sein, wieder Vertrauen in deine eigenen Fähigkeiten zu entwickeln. Wenn dir also deine Entscheidungsweisheit zeigt, dass du noch nicht bereit bist, solltest du dich um die nötige Ausbildung oder Informationen kümmern, bevor du hinaustrittst.

Naturtalent im Flow – »Bitte nicht stören«

In der Kindheit ist eine 2er Linie meist sehr zurückhaltend und oft fallen ihr viele Dinge in der Schule leicht. Ein Kind mit der 2er Linie erlernt Neues mit Leichtigkeit und kann gut alle Fächer mit einer 2+ abschließen. Doch in den Bereichen, die ihm wirklich liegen und Freude bereiten, kann es herausragen und sein Naturtalent ausleben. Möglicherweise geht das im Schulkontext, manchmal liegt das Talent aber auch außerhalb von diesem. Kinder mit einer 2er Linie brauchen häufig viel Raum und Zeit für sich und es tut ihnen gut, ein eigenes Zimmer zu haben, wo sie die Tür schließen und sich von der Außenwelt zurückziehen können. Ihnen tut es nicht gut, permanent unter Menschen zu sein und von einem Abenteuer zur nächsten Verabredung zu rasen. Als Erwachsener sollte man außerdem ihre Grenze respektieren und beispielsweise vereinbaren, dass man klopft, wenn man in ihre kleine Höhle eintreten möchte.

Die 2er Linie braucht einen Rückzugsort und Zeit allein, um ihre Gaben und Talente entwickeln und ausleben zu können.

Selbst eine 2er Linie im Erwachsenenalter kann gereizt reagieren, wenn man sie in ihrem Flow unterbricht. Da für die 2er Linie der eigene Raum so wichtig ist, kann es auch in einer Partnerschaft oder in der Wohnsituation nötig sein, ein eigenes Reich zu haben. Im Flow zu sein kann bedeuten, dass die 2er Linie gerade ihr nächstes Meisterwerk erschafft und bei der Arbeit ist, es kann aber genauso sein, dass sie in ein gutes Buch oder einen spannenden Film eingetaucht ist, und einfach nicht gestört werden möchte. Kommunikation und gesunde Grenzen sind hier das A und O für diese Menschen. Denn nur mit genügend Raum für die eigene Entfaltung, Entwicklung und Ruhe kann die 2er Linie in dieser Welt beitragen, wofür sie hier ist.

Profil-Kombinationen mit der 2er Linie

Die 2er Linie wird immer mit einer weiteren Linie aus dem oberen Trigramm kombiniert, die es ermöglicht, die Gaben mit der Welt zu teilen. Wenn du die 2er Linie an der ersten Stelle stehen hast, dann wirst du dich eher als schüchtern und introvertiert bezeichnen und wissen, dass du deinen eigenen Raum brauchst. Du weißt, was du gut kannst, und kannst eher erkennen, wo deine Talente liegen.

Mit einem 2/4er Profil wirst du von deinen Freunden und deinem direkten Umfeld immer wieder aus deiner Höhle gerufen. Sie sehen das Potenzial in dir und möchten, dass du deine Gaben mit ihnen teilst. Hier ist es für dein Wohlbefinden besonders wichtig, eine Balance zwischen Zeit mit Menschen und Zeit allein zu finden.

Mit einem 2/5er Profil kann es sein, dass andere sehr hohe Erwartungen an deine Gaben haben und du besonders aufpassen darfst, welchem Ruf du folgen magst und welchen du ablehnst. Was für andere ein Problem darstellt, kannst du mit Leichtigkeit lösen. Wenn du deine Gaben richtig nutzt, kannst du großen Einfluss auf andere ausüben.

Befindet sich die 2er Linie an zweiter Stelle in deinem Profil, wirst du manchmal vergessen, wie wichtig Zeit und Raum für dich ist. Jedoch erinnert dich dein Körper immer wieder daran und dein Wohlbefinden wird in der Zeit, in der du allein bist, gestärkt. Du hast außerdem einen besonders blinden Fleck für deine Gaben. Andere müssen dir hier den Spiegel vorhalten, damit du erkennst, wo deine Talente liegen. Auf andere wirkst du meist schüchterner, als du bist, denn du weißt, dass du hier bist, um Einfluss auf Menschen auszuüben.

Mit einem 5/2er Profil fühlst du dich immer wieder gerufen, eine Heldin für praktische Problemlösung zu sein. Und doch ist es besonders wichtig, dass du genug Raum und Zeit für dich hast, um zu entscheiden, welche Talente wirklich zu dir gehören und welche Probleme du lösen kannst. Deine Gaben liegen nämlich im Unbewussten und du siehst sie meist nicht auf den ersten Blick. Dein Körper verlangt außerdem nach viel Ruhe und Rückzug, sonst fühlst du dich erschöpft und müde.

Mit einem 6/2er Profil bringst du eine ganz besondere Perspektive mit in dieses Leben. Als Idealistin siehst du, wie die Welt sein könnte, und möchtest deine Gaben teilen. Mit deiner Ausstrahlung wirst du von den richtigen Menschen gerufen, um deine einmalige Perspektive zu teilen und eine wahre Leaderin zu sein. Auch hier ist die Balance zwischen Interaktion und Rückzug wichtig und wird sich im Laufe des Lebens wandeln (siehe 6er Linie).

Journalfragen für die 2er Linie

- Was fällt dir so leicht, dass es sich ganz natürlich anfühlt? In welchen Dingen wirst du von anderen immer um Rat gefragt?
- Nimmst du dir genug Zeit und Raum für dich? Hast du einen Ort für dich allein, an den du dich zurückziehen kannst?
- Vertraust du darauf, dass der richtige Ruf zu dir kommen und deine Entscheidungsweisheit dir zeigen wird, ob du ihn annehmen kannst? Wie kannst du dieses Vertrauen aufbauen (im Einklang mit Strategie und Autorität)?

Erinnerung für die 2er Linie

Erlaube dir, das zu tun, was dir leichtfällt. Du bist ein Naturtalent und die Dinge, die richtig für dich sind, gehen dir mit einer unglaublichen Leichtigkeit von der Hand. Erlaube dir, dich zurückzuziehen, um diese Dinge zu entdecken und in ihnen zu versinken. Du brauchst genügend Raum und Zeit für dich, um deine Batterien wieder aufzufüllen, und beides darfst du dir nehmen!

DIE 3ER LINIE – DER ARCHETYP DER FURCHTLOSEN ABENTEURERIN

Abenteuer, Ausprobieren, Erfahrungsreichtum, Mut, Resilienz und innere Stärke, die besten Tipps, Learning by Doing

Du bist hier, um Erfahrungen zu sammeln und neue Wege aufzuzeigen

Wenn du die 3er Linie in deinem Profil trägst, so bringst du den Archetypen der furchtlosen Abenteurerin mit und bist hier auf dieser Welt, um deinen ganz eigenen Weg zu gehen. Die 3er Linie unterscheidet sich wieder enorm von den Persönlichkeitsanteilen der ersten zwei Linien im Hexagramm und bringt eine neue Frequenz mit in den Mix. Anders als die 1er Linie, die ein stabiles Fundament braucht, und die 2er Linie, die ihre Gaben an einem zurückgezogenen Ort auslebt, ist die 3er Linie hier, um Erfahrungen zu sammeln, indem sie Fehler macht.

Erfahrung durch (scheinbare) Fehlschläge

Und hier sind wir schon beim wichtigsten Element der 3er Linie – bei den vermeintlichen Fehlern, Fehlschlägen und Fehltritten, die sich durch ihr Leben ziehen. In unserer Gesellschaft schämen wir uns für Fehler und neigen dazu, sie zu vertuschen. Dabei sind Fehler ein wichtiges Element im Lernprozess der 3er Linie. Durch sie macht sie lebenswichtige Erfahrungen und sammelt Informationen, die sie wiederum umwandeln und anwenden kann. Daher macht eine 3er Linie streng genommen gar keine Fehler, sondern sammelt Erfahrungen auf ihrem ganz eigenen Weg. Wenn wir die gesellschaftlichen Konditionierungen und den Druck nach Perfektion rausnehmen, dann werden wir erkennen, dass eine 3er Linie nur mit ihren Fehlern perfekt ist.

Mit einer 3er Linie in deinem Profil ist es daher unglaublich wichtig, dir zu erlauben »Fehler« zu machen. Du bringst eine natürliche Resilienz mit, also psychische Widerstandsfähigkeit. Diese Resilienz hilft dir, immer wieder aufzustehen, wenn du hingefallen bist. Natürlich kann der Sturz auch wehtun und manchmal liegst du am Boden und du kannst dir es nicht vorstellen, dich jemals wieder aufzurappeln. Aber wenn du dich dazu entscheidest, wieder aufzustehen, besitzt du die nötige Widerstandfähigkeit, wieder loszugehen und es aufs Neue zu probieren.

Dafür ist ein unterstützendes Umfeld unglaublich wichtig. Denken wir an Kinder, die laufen lernen. Sagen wir zu ihnen nach den ersten Versuchen, sie würden nur Fehler machen und es sowieso nie lernen? Nein. Wir ermutigen die Kinder, immer wieder aufzustehen, und feiern jeden kleinen Erfolg. Wir lassen sie durch ihren eigenen Prozess gehen, so wackelig und unsicher es uns manchmal erscheint. Und wenn sie fallen, sind wir da, um sie aufzufangen.

Genauso ein Umfeld ist für eine 3er Linie wichtig. Ein Kind mit einer 3er Linie wird immer alles selbst ausprobieren wollen – manchmal auch zum Ärgernis der Eltern. Es lässt sich nicht sagen, was der beste oder schnellste Weg zum Ergebnis ist, denn es ist hier, um seinen eigenen Weg zu finden. Wenn Eltern und Erzieher es schaffen, das Kind zu unterstützen, und immer ein Pflaster und bestärkende

Worte parat haben, wenn es mal wieder hingefallen ist, dann wird dieses Kind selbstbewusst und gestärkt den eigenen Weg finden. Falls dies in der Kindheit nicht gegeben ist, ist es nötig, den Glaubenssatz »Ich darf keine Fehler machen« loszulassen und das nötige Selbstvertrauen aufzubauen, es immer wieder von Neuem zu versuchen. Das braucht seine Zeit, ist aber möglich. Und wenn du dir selbst mit Liebe in deinem Lernprozess begegnest, wirst du entdecken, dass dein Umfeld dir diese Liebe spiegelt.

Die 3er Linie sammelt Erfahrungen, indem sie Dinge ausprobiert und sich traut, Fehler zu machen.

Ausprobieren geht über studieren

Anders als die 1er Linie, die ihr Wissen aus Büchern, dem Internet oder von Experten bezieht, und die 2er Linie, der gewisse Dinge einfach leichtfallen, muss die 3er Linie also die Feuertaufe bestehen. Das Leben wird sie immer wieder vor Herausforderungen stellen, an denen sie wachsen kann. Nur wenn sie selbst durch den Prozess gegangen ist, kann sie sagen, was funktioniert und was nicht. Und genau deswegen ist das Wissen einer 3er Linie von extremer Wichtigkeit für alle anderen – es ist von ihr selbst getestet, evaluiert und verbessert worden und hat sich im Leben bewährt. Es ist also verständlich, dass eine 3er Linie im Freundeskreis und Umfeld immer wieder nach den besten Tipps gefragt wird. Wenn eine Empfehlung von einer 3er Linie kommt, weiß man einfach, dass sie hundert Wege probiert hat und nun den einfachsten Weg oder die schnellste Lösung präsentiert. Die meisten Menschen bringen nicht den Biss oder die Widerstandsfähigkeit mit, alles selbst auszutesten. Genau deswegen haben die Tipps einer 3er Linie so viel Gewicht. Außerdem erscheint das Leben einer 3er Linie für alle anderen wie ein Abenteuer. Die geplante Reise wird abgesagt, du bist auf dich gestellt und erlebst einen abenteuerlichen Backpacking-Urlaub. Der zugesagte Auftrag wird storniert und du wächst über dich hinaus, um eine völlig andere Problemstellung des Auftraggebers zu lösen. Ob du es willst oder nicht, das Leben legt dir immer wieder Stolpersteine in den Weg, die für andere abenteuerlich wirken. Du wächst an diesen Stolpersteinen und merkst meist gar nicht, wie dein Lernprozess andere zum Staunen bringt. Du bist mutig und tollkühn, ohne dir dessen bewusst zu sein.

Und doch lässt du dir bis heute nicht gern sagen, was du zu tun hast. Sagt dir deine Chefin, dass du links abbiegen sollst, gehst du rechts. Bittet dein Partner dich, die Autobahn zu nehmen, fährst du auf die Landstraße. Das macht dich unglaublich charismatisch und authentisch, kann aber auch zu Problemen auf der Beziehungsebene führen.

Freiheit und ein Leben nach eigenen Regeln

Ein großes Thema, dass sich durch das Leben einer 3er Linie zieht, sind Beziehungen und Bindungen, die eingegangen und immer wieder aufgelöst werden. Ob in der Partnerschaft oder im Beruf – du entwickelst dich ständig weiter und erwartest dasselbe von deinem Gegenüber. Doch Entwicklung ist weder gradlinig, noch verläuft sie immer in dieselbe Richtung. Darum kann sich eine Bindung, die einmal gut gepasst hat, auf einmal einengend anfühlen. Eine 3er Linie muss immer wieder die Möglichkeit haben, auszubrechen und das Leben auf eigener Achse zu erkunden. In einer (langen) Partnerschaft kann dies bedeuten, dass man sich trennt. Genauso können sich aber auch beide Partner Zeit für sich nehmen, um die Bindung neu einzugehen. Das kann eine eigene Wohnung sein, eine Reise, die allein angetreten wird, eine offene Beziehung oder ein anderer Weg, um die Bindung zu lösen. Wenn sich eine 3er Linie eingeengt fühlt und die Bindung nicht nach eigenen Regeln lösen kann, findet sie oder das Leben einen Weg, dies zu tun. Im Beruf bedeutet das beispielsweise in eine andere Abteilung zu wechseln, einen neuen Aufgabenbereich zu bekommen, ein Sabbatical zu nehmen oder gar die Branche zu wechseln.

Als 3er Linie musst du nicht gradlinig sein und du brauchst wenig Sicherheit und viele Freiheiten. (Beim Profil 1/3 finden wir hier aber beispielsweise einen permanenten Tanz zwischen Sicherheit und Freiheit.) Gestalte dein Leben nach deinen eigenen Regeln. Sei mutig und furchtlos und du wirst sehen, dass dich dein Weg immer an den richtigen Ort führt.

Profil-Kombinationen mit der 3er Linie

Im Profil wird die 3er Linie immer mit einer anderen Linie kombiniert, die dir ermöglicht, deine Erfahrung zu validieren und nach außen zu bringen. Wenn deine 3er Linie an erster Stelle steht, dann wird dir dein Lernprozess sehr bewusst sein. Du wirst bereits erkannt haben, wie wichtig Erfahrungen aus eigener Hand für dich sind, und wirst möglicherweise bezüglich der vermeintlichen Fehler, dein schlimmster Kritiker sein.

Mit einem 3/5er Profil bist du hier, um deine Erfahrungen zu universalisieren und ganzheitliche Lösungen mit der Gesellschaft zu teilen. Du sammelst Erfahrungen, um sie direkt wieder weiterzugeben. Dir fällt es leicht, Menschen an deinem Weg teilhaben zu lassen. Trotzdem erdrückt dich manchmal die Erwartung an Perfektion und du darfst dich immer wieder daran erinnern, dass du nicht den Erwartungen anderer Menschen entsprechen musst.

Mit einem 3/6er Profil sind vor allem deine ersten 30 Lebensjahre sehr turbulent, in dieser Phase probierst du vieles aus. Alles, was sich bewährt, nimmst du mit in den nächsten Lebensabschnitt. In diesem ziehst du dich hin und wieder gern vom Leben zurück und kannst bereits eine übergeordnete Perspektive einnehmen. Du bist sehr resilient und wirst als Rollenvorbild wahrgenommen.

Mit der 3er Linie an der unbewussten, zweiten Stelle, merkst du, dass das Leben dir immer wieder Hindernisse aufzeigt. Außerdem spürst du, dass du auf deinem Weg voller Stolpersteine von anderen beobachtet wirst, und es ist dir peinlich, bei allen Fehlern im Rampenlicht zu stehen. Dein Körper und dein Geist schenken dir aber die nötige Stärke, mit den Hindernissen umzugehen und deinen Weg zu gehen.

Mit einem 1/3er Profil musst du die Balance finden zwischen Theorie und Praxis. Du baust über Wissen eine gewisse Sicherheit auf, doch erst indem du das Wissen anwendest, siehst du, was Bestand hat und was nicht. Dann kannst du das Wissen weitergeben und wirklich verinnerlichen.

Mit einem 6/3er Profil wirst du dich in den ersten 30 Lebensjahren vom Leben stark gebeutelt fühlen, doch vieles wird sich als Lernaufgabe herausstellen. Ab einer gewissen Reife wandelt sich dein Pessimismus in Optimismus und du kannst reich an Erfahrungen aufs Leben blicken. Manchmal holt dich das Leben aber vom hohen Ross, um dir durch neue Erfahrungen wichtige Erkenntnisse zu schenken.

Journalfragen für die 3er Linie

- Was verbindest du mit dem Wort »Fehler«? Erlaubst du dir, Fehler zu machen, und hast erkannt, dass hinter deinen vermeintlichen Fehlern deine größten Erkenntnisse warten?
- Wie fühlt es sich an, wenn du auf deinen Lebensweg zurückschaust und alle vermeintlichen Fehler in Erfahrungen umbenennst? Hilft es dir, jede neue Erfahrung anzunehmen?
- Kannst du dich wandeln und verändern? Welche Bindungen dürfen gelöst, um wieder neu eingegangen zu werden, und welche Bindungen haben ausgedient?

Erinnerung für die 3er Linie

Du findest im Leben immer deinen eigenen Weg. Du horst nicht gern auf andere, sondern probierst selbst aus. Es kann gut sein, dass du damit auch einmal auf dem Hintern landest und »scheiterst«. Verurteile dich nicht dafür – du machst nämlich keine Fehler, sondern nur Erfahrungen, aus denen du lernen darfst.

DIE 4ER LINIE – DER ARCHETYP DER ZUVERLÄSSIGEN FREUNDIN

Freundschaft, Netzwerk, Sicherheit, Verlässlichkeit, Freundlichkeit, Stabilität, Vertrauensperson

Du bist hier, um ein stabiles Netzwerk aufzubauen und für dieses zu sorgen

Mit der 4er Linie stehen wir am Fundament des oberen Trigramms des Hexagramms. Dabei weist die 4er Linie gewisse Ähnlichkeiten zur 1er Linie auf, aber auf der transpersonalen Ebene, was bedeutet, dass es nicht mehr um die innere, sondern äußere Sicherheit geht. Hier dreht sich alles um unsere Herzensverbindungen und die Menschen, die wir in unserem direkten Umfeld haben und die Sicherheit unserer Beziehungen. Für eine 4er Linie sind Freundschaften und Kontakte essenziell, denn genau diese Menschen bringen die Möglichkeiten in ihr Leben.

Sicherheit durch ein enges Netzwerk an Vertrauten

Für eine 4er Linie ist ein stabiles Umfeld eine der wichtigsten Komponenten, um sich wohlzufühlen. Sie braucht keinen großen Freundeskreis, sondern zählt auf die Verbindungen, die auf Vertrauen und gegenseitigem Geben und Nehmen basieren. Trägst du eine 4er Linie in deinem Profil, werden dir die Menschen um dich herum die Sicherheit geben, die du brauchst, um das Leben zu meistern. Sie werden dein Wissen, deine Talente oder deine Erfahrungen aus dir herausholen und sie mit dir in wahres Gold umwandeln. Mit deiner Strategie und Entscheidungsweisheit weißt du genau, wer diese Menschen sind. Es ist dein innerer Kreis, zu dem nicht jeder Zugang hat. Wenn wir uns bildlich eine große Party vorstellen, dann sitzt die 4er Linie in der VIP-Lounge und der Türsteher ist genau instruiert, wer diesen Bereich betreten darf und wer nicht.

Wurde das Vertrauen einer 4er Linie einmal missbraucht, ist es schwer bis nahezu unmöglich, diese tiefe Verbindung wieder aufzubauen. Das hat nichts damit zu tun, dass eine 4er Linie nicht verzeihen kann, sondern durch den Vertrauensbruch wurde ihr Fundament so tief erschüttert, dass es sich nie wieder ganz davon erholt. Denn als 4er Linie bist du selbst eine unglaublich zuverlässige, nahbare und unterstützende Freundin, die fast alles für ihre Freude machen würde. Wenn dies aber nicht länger auf Geben und Nehmen beruht, sondern sich als einseitiges Ausnutzen herausstellt, so kann eine 4er Linie klare Grenzen ziehen. Sie weiß außerdem intuitiv, welche Menschen etwas zu ihrem Leben beitragen können. Aus diesem inneren Vertrauen heraus entscheidet sie meist intuitiv, wer es in ihren inneren Kreis schafft. Es ist kein Zeichen von Egoismus, nicht mit jedem das gleiche Level an Vertrauen aufzubauen. Es ist eine selektive Strategie, um die richtigen Menschen miteinander zu verknüpfen. Wenn eine 4er Linie ein Blind Date für andere plant oder zwei Menschen in einem Business-Deal zusammenbringt, werden sich diese Verbindungen meistens auszahlen.

Da für die 4er Linie Sicherheit eine große Rolle spielt, kann es manchmal sein, dass sie sich davor drückt, notwendige Schritte zu gehen.

Immer wieder erlebe ich, dass eine 4er Linie einen Job nicht verlässt, solange kein anderer auf sie wartet. Oder dass eine Beziehung erst beendet wird, wenn sich ein neuer Partner zeigt. Auf der einen Seite kann genau das richtig für sie sein – wenn diese Entscheidungen wirklich im Einklang mit der eigenen Autorität getroffen wurden. Doch manchmal hält die Unsicherheit die 4er Linie auch gefangen und sie verharrt in einer Beziehung, in einem Job, obwohl diese sie ausbrennen und unglücklich machen. Eine 4er Linie darf lernen, in wichtigen Momenten loszulassen und zu springen. Denn oft zeigt sich erst genau in diesen Momenten die neue Möglichkeit. Und trotzdem darf sie lernen, ihr Nervensystem nicht zu überlasten – was passiert, wenn sie vorzeitig oder in zu großer Unsicherheit Schritte geht, die sie langfristig nur schwächen.

Die eigenen Grenzen kennenlernen

Das Nervensystem ist eine sehr sensible Komponente bei 4er Linien und trotz ihrer sehr sozialen und offenen Art kann es sie auf die Dauer müde machen, unter Menschen zu sein. Da du mit einer 4er Linie immer sehr offen für andere bist, nimmst du auch viele Energien auf. Genau darum darfst du mit der 4er Linie herausfinden, wann du genug von der Gruppe, von anderen Menschen hast und wann es Zeit ist, sich zurückzuziehen. Manche 4er Linien fühlen sich einsam und unsicher, wenn sie allein sind, deswegen ist es eine große Lernaufgabe, die eigene Gesellschaft genießen zu können und diese Zeit zu nutzen, um Kraft zu tanken (für 2/4 ist das meist einfacher als für die anderen Profil-Kombinationen). Achte immer darauf, in welcher Gesellschaft du dich entspannen kannst, wo du gestärkt aus Interaktionen gehst und wer deine echten Herzensmenschen sind. Für diese würdest du nämlich vieles aufs Spiel setzen, und da ist es wichtig, dass dies auf Gegenseitigkeit beruht und ihr euch gegenseitig groß macht! Manchmal darfst du aber auch deine eigenen Grenzen kennenlernen und kommunizieren. Denn nicht jede Beziehung beruht auf dem Prinzip von Geben und Nehmen, das dir so wichtig ist.

In der Kindheit hat eine 4er Linie meist einen festen Freundeskreis und kommt leicht mit anderen in Kontakt. Doch auch hier darf das Kind bereits beginnen, selbst zu entscheiden, mit wem es Kontakt haben möchte und mit wem nicht. Die selektive Art der Linie dient nämlich dem Wohlergehen des Kindes. Wird das Kind in Freundschaften öfter enttäuscht, braucht es Unterstützung darin, neues Vertrauen zu entwickeln. Denn wenn es sich zu stark zurückzieht und nicht lernt, sich anderen gegenüber zu öffnen, so werden Chancen möglicherweise an ihm vorbeiziehen und eine wichtige Komponente seines Lebensglücks – nämlich tiefe Verbindungen mit anderen – werden auf der Strecke bleiben.

Für eine 4er Linie ist ihr Netzwerk und Freundeskreis ihre größte Ressource und Sicherheit.

Partnerschaften geht die 4er Linie meist über Freundschaft ein und eine stabile Freundschaft ist auch in langen Partnerschaften eine wichtige Komponente. Die Aussage »Mein Partner ist mein bester Freund« stimmt für eine 4er Linie zumeist. Lange Gespräche, viel Vertrauen und gemeinsame Erlebnisse stärken für sie die Bindung. Denn ihr Motto ist: Nur gemeinsam sind wir stark.

Profil-Kombinationen mit der 4er Linie

Im Profil wird die 4er Linie immer mit einer anderen Linie kombiniert, die mehr Klarheit geben kann, in welchen Bereichen das Netzwerk und der Freundeskreis besonders wichtig sind. Wenn du die 4er Linie an der ersten Stelle trägst, wirst du dich selbst als sehr loyal, zuverlässig und offen bezeichnen. Du weißt, wie wichtig dir deine Freundschaften sind und welchen Unterschied es in deinem Leben macht, die richtigen Kontakte zu haben.

Mit einem 4/1er Profil bietet dir dein Netzwerk und Umfeld die Basis, dein Wissen nach draußen zu tragen. Deine Stabilität im Leben beruht auf den Menschen in deinem Leben sowie auf der Bildung und dem Wissen, das du dir aneignest. Durch dein Umfeld werden sich neue Möglichkeiten zeigen, dein Wissen anzuwenden. Du weißt, was für einen Einfluss deine Herzensmenschen auf deinen Lebensweg haben, deswegen wählst du diese Weisheit im Einklang mit deiner Autorität.

Mit einem 4/6er Profil sammelst du in den ersten 30 Jahren deines Lebens Erfahrungen, vor allem, was Beziehungen und Freundschaften angeht. Möglicherweise gerätst du in dieser Zeit an die falschen Menschen. Ein zentrales Thema in deinem Leben ist der Wunsch nach dem Traumpartner und der perfekten Beziehung. Eine solche Partnerschaft ermöglicht es dir, als wahres Rollenvorbild in die Welt zu treten und andere im Thema Beziehungen zu inspirieren. Die richtigen Menschen unterstützen dich auf deinem Lebensweg und stehen an deiner Seite.

Mit der 4er Linie an der zweiten, unbewussten Stelle wirst du von anderen als sehr offen, warmherzig und zuverlässig wahrgenommen. Andere spüren aber auch, dass du bereit bist, in Freundschaften viel zu geben, also ist es hier besonders wichtig, mit deiner Entscheidungsweisheit zu schauen, welche Menschen du in dein Leben lassen möchtest und wo du Grenzen ziehen darfst. Dein Körper zieht die richtigen Menschen in dein Umfeld, wenn du deiner Autorität folgst.

Mit einem 1/4er Profil wirst du von anderen aufgefordert, dein Wissen zu teilen. Außerdem wird dir dein Umfeld immer wieder neue Felder eröffnen, die du entdecken und erkunden möchtest. Du brauchst viel Stabilität in deinen Beziehungen, um nicht auszubrennen und um die richtigen Möglichkeiten annehmen zu können. Spüre genau, auf wen du dich verlassen kannst und wer immer nur Antworten und Sicherheit von dir verlangt. Das Wichtigste ist eine gesunde Balance in deinen Beziehungen sowie ein gutes Gleichgewicht zwischen Zeit allein und Zeit mit anderen.

Mit einem 2/4er Profil bist du immer dabei, eine Balance zwischen Zeit für dich allein, für deine Hobbys, Gaben und Talente und Zeit mit deinen Herzensmenschen zu finden. Deine natürliche Veranlagung ist es, dich zuruckzuziehen, doch die richtigen Menschen werden dich immer wieder zum richtigen Zeitpunkt aus deiner Höhle holen, mit einem Anruf, einer Sprachnachricht oder Mail. Deine Freunde sehen deine Talente und Gaben und ermutigen dich, diese mit der Welt zu teilen. Pass auf aber, dass du nicht über deine Grenzen gehst und dich überforderst, indem du zu früh oder zu viel mit anderen teilst.

Journalfragen für die 4er Linie

- Wer sind deine Herzensmenschen? Mit wem verbringst du gern Zeit? Welche Werte und Qualitäten sind dir wichtig in diesen Beziehungen?
- Erlaubst du dir, selektiv zu sein und nur die Menschen in dein Netzwerk zu lassen, auf die du dich verlassen kannst? Wenn nicht – wie kannst du lernen, Grenzen zu ziehen?
- Welche Möglichkeiten und Chancen sind bereits durch dein Umfeld an dich herangekommen? Welche Möglichkeiten hast du bereits mit deinen Herzensmenschen geteilt?

Erinnerung für die 4er Linie

Für dich geht es in diesem Leben darum, in die Beziehungen zu deinen Lieblingsmenschen zu investieren und dir ein starkes Netzwerk aufzubauen. Das müssen gar nicht viele Menschen sein und du darfst genau auswählen. Durch dein Netzwerk und deine Herzensmenschen werden viele große Möglichkeiten auf dich zukommen.

DIE 5ER LINIE – DER ARCHETYP DER HELDIN IN JEDER SITUATION

Retterin in der Not,
Heldenrolle, praktische
Lösungen, großer Einfluss,
hohe Erwartungen, Projektionen,
sich selbst kennen

Du bist hier, um großen Einfluss auf andere zu haben

Mit der 5er Linie in deinem Profil bist du immer wieder die Heldin in jeder Situation und bringst praktische Lösungen mit auf diese Welt. Du bist hier, um einen großen Einfluss auf andere zu haben, und das spürst du auch. Ähnlich wie die 2er Linie im ersten Trigramm bringt die 5er Linie eine Natürlichkeit mit und hat ganz selbstverständlich das Talent, auf andere Einfluss zu haben. Deine Worte können selbst Menschen berühren, die du noch nie getroffen hast. Du musst mit ihnen vorher keine Beziehung aufgebaut haben, wie das bei der 4er Linie der Fall ist. Wieder baut die 5er Linie auf der vorherigen auf und unterscheidet sich doch in wichtigen Punkten. Es fällt dir leicht, mit anderen in Kontakt zu treten, und dein Wirkungskreis ist größer als dein Umfeld, wohingegen die 4er Linie Einfluss auf Menschen hat, die sie bereits länger kennt. Dieser Wirkungsgrad ist zugleich eines der größten Hindernisse für die 5er Linie: Du spürst die großen Erwartungen der Menschen in deinem Umfeld an dich und dass selbst fremde Menschen ein ganz eigenes Bild von dir haben.

Eine beinah leere Leinwand

Im Human Design sprechen wir bei der 5er Linie von einem Projektionsfeld. Denn deine Aura, in der all deine Talente und Gaben und auch deine Strategie energetisch spürbar sind, wird von deinem Gegenüber verzerrt. Deine Aura fungiert oft als Leinwand, auf welche dein Gegenüber seine Erwartungen projiziert. Diese Erwartungen haben nichts mit dir zu tun, sondern vielmehr mit deinem Gegenüber und dessen unausgesprochenen Wünschen. Daher ist es für dich mit einer 5er Linie im Profil essenziell, zu verstehen, wer du eigentlich bist. Und dich bei Bedarf zu distanzieren und entscheiden zu können, wer und was du nicht bist.

Oft wird die Entwicklung einer 5er Linie stark von den Erwartungen des Umfeldes geprägt. Schon die Eltern haben, wenn sie sich ihrer selbst nicht sehr bewusst sind, hohe, unausgesprochene Erwartungen an ihr Kind mit einer 5er Linie. Da dies auch noch unterschiedliche Erwartungen sind und es für das Kind quasi unmöglich ist, sie zu erfüllen, kann es das Kind in tiefe Ratlosigkeit stürzen. Oft versucht es lange, es anderen recht zu machen und den projizierten Erwartungen zu entsprechen. Je offener die Chart ist (was ja bedeutet, dass wir hier noch mehr Konditionierungen und Glaubenssätze finden), desto stärker spürt das Kind die Energien, den Druck und das Bewusstsein der anderen und kann sich darin verlieren, wenn es nie die Chance hatte, sich selbst zu begegnen. Meist muss das Kind früher oder später entscheiden, was ihm wichtiger ist: das eigene Wohlergehen oder die Erwartungen der Familie, Lehrer und Freunde. Wenn es sich für den eigenen Weg entscheidet, wird es schnell die Enttäuschung und Fassungslosigkeit der anderen spüren. Diese ersten Erfahrungen mit dem Projektionsfeld können das Kind verunsichern – sie können es gleichzeitig aber auch darin bestärken, dem eigenen Weg zu folgen. Denn mit einer 5er Linie bist du hier, um deinen eigenen Weg zu gehen. Du bist hier, um die Erwartungen der anderen wahrzunehmen, aber für dich zu entscheiden, welchen Erwartungen du gerecht werden möchtest und welchen nicht. Je mehr Erfahrungen du sammelst und je stärker du deiner Entscheidungsweisheit vertraust, umso deutlicher wirst du spüren, welche Menschen für dich die richtigen sind und welche Erwartungen auf einem falschen Bild basieren. Wenn du die Menschen, die deiner Energie entsprechen, anführst, kannst du eine wahre Leaderin werden, die für ihre Lösungsorientiertheit, ihr Wissen und ihre Erfahrungen gefeiert wird. Stehst du hingegen bildlich gesprochen auf einer Bühne vor den falschen Menschen, wirst du ausgebuht werden. Somit steht und fällt alles mit deinem Feingefühl und deiner richtigen Einschätzung des Projektionsfeldes.

> Mit deiner 5er Linie bist du hier, um viele Menschen mit deinem Wissen und deinen Lösungen zu erreichen. Aber nicht alle sind dafür bereit und nicht alle sind es wert, dass du dich öffnest.

Die Retterin in der Not

Wenn du in deiner Energie fest verankert bist und von den richtigen Menschen gestärkt wirst, bist du wahrlich nicht zu stoppen. Sobald es irgendwo ein Problem gibt und du das nötige Wissen, das passende Talent oder die entsprechende Erfahrung mitbringst, kannst du alle

Feuer löschen. Häufig sagt man auch, dass es die 5er Linien sind, die, wenn sie ein brennendes Haus sehen, losrennen, um alle zu retten und das Feuer zu löschen. Natürlich musst du wissen, was du tust, ansonsten stehst du vor dem Haus und kannst nichts ausrichten. Auf natürliche Art und Weise wirst du aber als Retterin in der Not angesehen und Menschen verlassen sich gern auf dich. So gehen beispielsweise deine Kollegen möglicherweise davon aus, dass du alles unter Kontrolle hast. Wenn dies nicht so ist, ist es wichtig, dass du dies kommunizierst, denn niemand kann hinter deine Fassade schauen. In einer Partnerschaft kann es sein, dass dein potenzieller Partner die Retterin und absolute Traumfrau in dir sieht. Dabei weißt du, dass du seinen Ansprüchen niemals gerecht werden kannst und willst. Auch hier gilt wieder: kristallklare Kommunikation und deutliche Grenzen.

Für dich ist es wichtig, zu verstehen, dass du für deine Mitmenschen immer eine Art Mysterium bist und sie nicht in der Lage sind, hinter die Fassade zu schauen. Du bist zwar hier, um viele Menschen direkt und indirekt mit deinem Wissen und deinen Lösungen zu erreichen, aber nur wenige sind es wirklich wert, dass du dich authentisch zeigst und öffnest. Entscheide mit deiner Autorität, wen du an dich heranlassen möchtest, und verstehe trotzdem, dass Verletzlichkeit bei den richtigen Menschen immer stärker ist als Perfektion.

Profil-Kombinationen mit der 5er Linie

Für dein Profil ist deine 5er Linie immer mit einer anderen Linie kombiniert, die dir Klarheit darüber schenkt, wie du anderen heldenhaft zur Seite stehst. Wenn die 5er Linie an erster Stelle steht, dann wirst du spüren, welche Menschen die richtigen Erwartungen auf dich projizieren. Außerdem wirst du selbst hohe Erwartungen an dich haben. Du bist praktisch veranlagt und kennst zu jedem Problem eine Lösung. Im Alltag spielst du gern die Heldin und stehst anderen mit Rat und Tat zur Seite. Dich selbst in Worte zu fassen, kann dir schwerfallen.

Mit einem 5/1er Profil bist du hier, um mit deinem Wissen nach draußen zu gehen und faktisch korrekte Lösungen zu bieten. Du hast meist das nötige Wissen oder die Fakten parat (wenn es die richtige Projektion ist), wenn du um Hilfe gefragt wirst. Du wirst immer erst auf die Bühne des Lebens treten, wenn du dich sicher in deinem Prozess fühlst. Wenn du gut vorbereitet bist und deine Hausaufgaben gemacht hast, kannst du einen unglaublich großen Einfluss auf andere ausüben.

Mit einem 5/2er Profil sehen Menschen deine Gaben und Talente und wollen, dass du diese mit der Welt teilst. Gleichzeitig sind viele Eindrücke, die sie von dir haben, reine Projektion und du musst selbst entscheiden, was du mit anderen teilst und was nicht. Genauso musst du sicher sein, dass du wirklich bereit bist, diese Gaben zu teilen, denn wenn sie inkorrekt oder nicht gut genug sind, kannst du schnell an Selbstbewusstsein verlieren und deinem Ruf schaden. Vertraue hierbei immer auf deine eigene Entscheidungsweisheit und nicht auf andere Menschen.

Wenn die 5er Linie an der unbewussten, zweiten Stelle des Profils steht, dann umgibt dich permanent ein energetischer Nebel und andere sehen von der Retterin bis zur Femme fatale alles in dir. Du verstehst meist gar nicht, dass andere dich bewundern und welch großen Einfluss du auf andere hast. Diese Erkenntnis kann sehr herausfordernd sein, solange du dich vom Feedback anderer abhängig machst. Wenn du es zu deinem Vorteil nutzt, kannst du unglaublich mitreißend und charismatisch sein und große Veränderungen herbeiführen. Setze für den Rest klare Grenzen, sodass du verstehst, dass dein Sein nichts mit den Erwartungen anderer zu tun hat.

Mit einem 2/5er Profil möchtest du am liebsten einfach dein eigenes Ding machen und in Ruhe gelassen werden. Doch andere rufen immer wieder deine Gaben in dir hervor. Wenn du diese zum richtigen Zeitpunkt und mit den richtigen Menschen teilst, so hast du einen tiefen Einfluss auf andere. Vertraue deiner Autorität, um dem richtigen Ruf zu folgen, dann kannst du mit deinen Gaben die Retterin und Heldin sein, die andere in dir sehen. Erlaube dir aber auch, Nein zu sagen, wenn du dich nicht bereit fühlst oder es der falsche Ruf ist.

Mit einem 3/5er Profil bist du hier, um deine Erfahrungen zu universalisieren und kompakte Lösungen zu präsentieren. Du bist selbst durch alle Erfahrungen gegangen, hast notwendige Fehler gemacht und bist nun stärker herausgetreten. Wenn du nun die richtigen Leute erreichen kannst, wirst du als absolute Heldin gefeiert. Die falschen Leute werden dich für deine Fehler ablehnen, doch denke immer daran, dass ihr nicht dafür gemacht seid, gemeinsam durchs Leben zu gehen. Du entscheidest, welchen Einfluss du haben möchtest und welchen Erwartungen du gerecht wirst, und kein anderer. Deine Resilienz unterstützt dich bei deinen Heldentaten.

Journalfragen für die 5er Linie

- Welche Erwartungen spürst du in deinem Leben? Welchen Erwartungen von anderen möchtest du nicht länger gerecht werden? Welche Erwartungen entsprechen deiner natürlichen Energie?
- Versuchst du anderen zu helfen, auch wenn du über deine Grenzen gehst? Wie kannst du dich authentisch und verletzlich zeigen, während du klare Grenzen ziehst?
- Welchen Einfluss möchtest du auf diese Welt nehmen? Welche Menschen möchtest du erreichen?

Erinnerung für die 5er Linie

Für dich geht es im Leben darum, deine einzigartige und kraftvolle Perspektive zu erkennen und diese zu würdigen. Du darfst verstehen, dass du einen großen Einfluss auf andere hast, die dich als Retterin sehen. Zuerst darfst du aber dich selbst erkennen und lernen, starke Grenzen zu haben, um zu entscheiden, welchen Erwartungen du gerecht werden willst und welchen nicht.

DIE 6ER LINIE – DER ARCHETYP DES EINFLUSSREICHEN ROLLENVORBILDS

Wandlung und Weiterentwicklung, Umbruch, vom Chaos zur Klarheit, Authentizität, Verkörperung, Einflussreichtum, Weisheit

Du bist hier, um anderen authentisch den Weg zu weisen

Wenn du eine 6er Linie in deinem Profil trägst, dann bringst du eine unglaublich spannende Frequenz mit, die dich zu einem einflussreichen Rollenvorbild macht. Doch die 6er Linie geht in diesem Leben auch stärker als jede andere Linie durch einen Wandlungsprozess und verändert sich in verschiedenen Lebensphasen enorm. Mit dieser Linie bist du bereits mit jeder Menge Weisheit hierhergekommen. Du hast schon in deiner Kindheit eine besondere Perspektive auf diese Welt und sieht teilweise mehr als die Erwachsenen in deinem Umfeld. Das kann unglaublich herausfordernd sein, denn in unserer Gesellschaft wird man als Kind meist nicht sehr ernst genommen. Und doch hast du bereits Wissen in dir, das nicht aus diesem Leben stammt. Gleichzeitig macht die 6er Linie, vergleichbar mit der 3er Linie des unteren Trigramms, einen Prozess mit, in dem sie durch Fehler lernt und an ihnen wächst. Um dein intuitives Wissen zu testen und zu verankern, wirst du mit der 6er Linie noch einmal durch die Schule des Lebens geschickt.

Ein dreiteiliger Lebensweg

Die ersten 30 Jahre deines Lebens gleichen der Energie einer 3er Linie. Genau wie diese Linie gehst du durch einen Prozess, um Erfahrungen zu sammeln. In diesem Prozess fällst du viele Male hin und wirst einige »Fehler« machen. Du fühlst dich teils verloren auf dieser Welt und weißt nicht genau, wo es für dich hingeht. Das Leben bringt dir Menschen und Erfahrungen, an denen du wachsen darfst. Oft fühlt es sich so an, als watest du durch einen Sumpf, obwohl du eigentlich den Weg kanntest. Natürlich ist der Weg durch den Sumpf langwieriger, schmutziger und anstrengender als der direkte Feldweg, den du eigentlich nehmen wolltest. Und doch lernst du unglaublich viel auf deiner Wanderung. Da du nicht die Resilienz der 3er Linie mitbringst, fühlst du dich häufig vom Leben verraten und bist auf der Suche nach dem richtigen Weg. Du wirst pessimistisch, weil du das Gefühl hast, dass in deinem Leben nichts so richtig funktioniert.

Rund um dein 30. Lebensjahr ändert sich die Hintergrundfrequenz deines Lebens und du spürst, dass es ruhiger wird. Viele Unsicherheiten und Probleme der letzten Jahre fallen von dir ab. Du schaffst es, Menschen, Berufe und Dinge, die nicht länger auf deinen Weg gehören, hinter dir zu lassen. In dieser Phase ist es natürlich, dass du dich zurückziehst und wie ein verwundetes Tier erst einmal deine Wunden leckst. Mit etwas mehr Abstand und Zeit erkennst du, dass der Weg, den du bisher gegangen bist, der richtige für dich war. Du erkennst, welche Schätze du unterwegs im Sumpf entdeckt hast, und kannst das Licht am Horizont sehen. Häufig kommen in dieser Zeit auch neue Menschen und Möglichkeiten in dein Leben. Der Trubel lässt nach, es kehrt gemächliche Ruhe ein. Deine innere Unruhe legt sich und du erinnerst dich wieder daran, dass du hier auf dieser Welt bist, um Großes zu erschaffen. Um dich zu erholen und eine neue Perspektive einnehmen zu können, ziehst du dich im übertragenen Sinn auf einen Berg zurück und schaust von dort auf das Leben und deinen bisherigen Weg.

Immer wieder wirst du nun durch Menschen, Einladungen oder Möglichkeiten von deinem Berg geholt. Trotzdem bleibst du in dieser Lebensphase viel mehr bei dir und verarbeitest das, was du bisher erlebt hast. Meist gewinnst du bereits klare Einsichten, was deine Ursprungsmission auf dieser Welt angeht. Als ob sich deine Seele an ihren Auftrag erinnert. Du sammelst Kraft, um dich darauf vorzubereiten, den Auftrag auszuführen. Immer wieder steigst du in dieser Zeit vom Berg, um als Vorbild den Weg zu weisen. Deine Beziehungen wandeln sich in dieser zweiten Lebensphase und es zeigen sich die Menschen, mit denen du diese Phase meistern kannst. Durch deine Erfahrungen gestärkt, verkörperst du immer mehr die Weisheit, die du bereits in deiner Kindheit in dir getragen hast. Da du in einem starken inneren Prozess bist, können sich alltägliche Dinge wie einkaufen, kochen und ein »normaler« Job sehr anstrengend anfühlen. Denn du weißt, dass du für Großes hier bist. Suche dir die Unterstützung, die du brauchst. Du musst nicht alles allein meistern. Bereits in dieser Lebensphase wird dich deine Autorität klar leiten.

Die dritte Lebensphase wird um deinen 50. Geburtstag herum eingeläutet und bringt noch einmal eine große Veränderung. In dieser Zeit wirst du aufgefordert, alte Wunden zu heilen und von deinem Berg herunterzukommen.

Verkörperung von Weisheit und Erfahrung

Du darfst nun all das, was du in den ersten 30 Jahren deines Lebens erfahren hast, mit all dem, was du in den letzten 20 Jahren erkannt und erfahren hast, verknüpfen. Sobald du endgültig vom Berg herunterkommst, wirst du durch deine natürliche Ausstrahlung als Vorbild gesehen. Häufig kommen Menschen in dieser Lebensphase so richtig in Schwung und das Leben, die Karriere und die Seelenaufgabe gelangen auf eine neue Stufe. Deine Seele hat nun die Weisheit, die du bereits in deiner Kindheit gespürt hast, vollkommen verkörpert und auf diese Welt geholt.

> Mit deiner 6er Linie bist du hier, um deine Weisheit durch Erfahrungen zu bestätigen und als Vorbild für andere deinem eigenen Weg zu folgen.

Für dich ist es wichtig, nicht nur über Dinge zu sprechen und sie zu lehren, sondern diese Dinge auch zu verkörpern. Wenn du als Beispiel vorangehst, hast du den größten Einfluss auf andere. Darum ist es vor allem in den Lebensbereichen, die für deine Seelenaufgabe eine große Rolle spielen, unglaublich wichtig, authentisch für dich einzustehen und deiner eigenen inneren Weisheit zu vertrauen.

Für dich mit deiner 6er Linie ist es existenziell, alle Lebensphasen vollkommen anzunehmen und all die Lernaufgaben zu entschlüsseln, die dir das Leben schenkt. Du musst nicht bis zu deinem 50. Geburtstag warten, um deinen Traumjob auszuleben oder dein Wissen zu teilen. Jeder Schritt, den du auf deinem Weg gehst, ist wertvoll.

Profil-Kombinationen mit der 6er Linie

In deinem Profil wird die 6er Linie immer mit einer anderen Linie kombiniert, die dir auf deinem dreiteiligen Lebensweg Stabilität schenkt. Wenn die 6er Linie an der ersten Stelle steht, so wirst du die beschriebenen drei Phasen sehr klar in deinem Leben wahrnehmen. Du wirst außerdem verstärkt spüren, dass du hier bist, um ein Vorbild für andere zu sein. Zu manchen Zeiten kann dies vielleicht Unsicherheit und Angst auslösen und doch darfst du dich immer daran erinnern, dass deine Seele genau diese Energie gewählt hat.

Mit einem 6/2er Profil können sich die ersten 30 Jahre sehr herausfordernd anfühlen, denn du besitzt nicht die Widerstandsfähigkeit, die dir dabei hilft, gelassen mit all den Enttäuschungen und Fehlschlägen umzugehen. Du wünschst dir Perfektion auf allen Ebenen und bist sehr damit beschäftigt, deinen Traumjob zu finden. Dir ist das Thema deiner Seelenaufgabe wichtig. In der zweiten und dritten Lebensphase gewinnt dein Optimismus die Oberhand und du wirst von anderen eingeladen, deine Weisheit und deine Gaben zu entdecken und zu teilen. Als Idealistin siehst du, wie die Welt sein könnte, und möchtest deine Gaben teilen. Mit deiner Ausstrahlung wirst du von den richtigen Menschen gerufen, um deine einmalige Perspektive zu teilen und eine wahrer Leaderin zu sein.

Mit einem 6/3er Profil bringst du die nötige Resilienz mit, die dir dabei hilft, die Hindernisse auf deinem Weg in den ersten 30 Jahren zu überwinden. Und doch wirst du auch in den weiteren Lebensphasen mit deiner 3er Linie manchmal ins Chaos gestürzt. Dann wünschst du dir einfach nur Ruhe, um dich von den Wachstumsschmerzen des Lebens zu erholen. Gleichzeitig spürst du, dass dich jede Erfahrung reicher macht und du dieses Wissen für andere verkörpern kannst.

Befindet sich die 6er Linie an der zweiten, unbewussten Stelle deines Profils, wirst du körperlich und durch dein Umfeld spüren, durch welche Transformation du gehst. Du darfst besonders achtsam mit den Signalen des Universums umgehen, um zu spüren, wann die Zeit für Wandel und Heilung ist. Menschen sehen dich sofort als natürliche Autoritätsperson an und wollen von dir geleitet werden. Deine Meinung, dein Wissen und deine Weisheit sind wichtig für sie, um einen Sinn im eigenen Leben zu entdecken.

Mit einem 3/6er Profil bist du in den ersten 30 Lebensjahren mitten im Chaos gefangen, so nimmst du es wahr. Doch hier liegen wichtige Erkenntnisse, Erlebnisse und Heilung auf der Seelenebene für dich verborgen. Rund um dein 30. Lebensjahr spürst du über dein Umfeld, deinen Körper und dein aufkommendes Bedürfnis nach Rückzug, dass sich etwas verändert. Und doch begibst du dich immer wieder in neue Abenteuer. Du bist jetzt und in den weiteren Lebensphasen hier, um Erfahrung in Weisheit umzuwandeln. Du wirst beobachtet und andere bewundern dich für deine Stärke und Widerstandsfähigkeit.

Mit einem 4/6er Profil sind die Menschen in deinem Leben eine wichtige Basis. In der ersten Lebensphase wirst du viele Beziehungen eingehen und diese wieder auflösen. Du wirst Erfahrungen sammeln und lernen, was du in Beziehungen brauchst und was nicht. Ab der zweiten Lebensphase wirst du dich vor allem nach einem Traumpartner und der idealen Partnerschaft sehnen. Des Weiteren wird dich vor allem dein Umfeld und dein Netzwerk als natürliche Autorität ansehen und zu dir aufblicken. Die richtigen Menschen sind essenziell für dein Wohlergehen und dafür, wie sehr du deine innere Weisheit verkörpern kannst.

Journalfragen für die 6er Linie

- In welcher Lebensphase bist du gerade? Wie kannst du dir jetzt gerade mehr Liebe entgegenbringen? Kannst du die Perspektive auf deine Erlebnisse wandeln, um die Weisheit zu erkennen?
- Welche Weisheit spürst du schon immer in dir? Welche einzigartige Perspektive auf das Leben bringst du (und deine Seele) mit auf diese Welt?
- Was zeigt sich jetzt gerade in deinem Leben und wie kannst du als Vorbild authentisch deine Weisheit verkörpern?

Erinnerung für die 6er Linie

Du bringst eine angeborene Weisheit mit auf diese Welt und dieser darfst du vertrauen. Deine Perspektive auf die Dinge ist einzigartig und sehr außergewöhnlich. Vielleicht fühlst du dich daher nicht immer verstanden, aber du darfst dir selbst die Liebe und das Verständnis geben, wonach du dich sehnst. Du hast die Gabe, andere zu inspirieren, indem du dich authentisch zeigst und deine Weisheit verkörperst.

GEGENSÄTZE ZIEHEN SICH AN

Vielleicht hast du beim Lesen deiner Profillinien entdeckt, dass es gewisse Gegensätze in deinen Archetypen gibt. So zeigt uns das Profil, dass wir als Menschen nicht nur eindimensional sind, sondern viele unterschiedliche Facetten in uns tragen. Außerdem erklärt es, warum manchmal gegensätzliche Bedürfnisse in uns kollidieren und wieso uns andere Menschen oft so anders einschätzen als wir uns selbst. Das Wichtige beim Profil ist, dass wir eine Balance finden und alle Anteile in uns willkommen heißen. Es kann uns auch zeigen, dass andere Menschen möglicherweise noch ganz andere Aspekte in sich tragen, die für unser Auge verborgen sind.

So erfordert beispielsweise ein 1/3er Profil einen Balanceakt zwischen Sicherheit und Freiheit. Die 1er Linie wünscht sich ein stabiles Fundament und möchte genügend Informationen haben, bevor sie sich in eine Erfahrung begeben kann. Die unbewusste 3er Linie hingegen wird immer wieder Menschen und Situationen anziehen, durch die diese Information auf die Probe gestellt wird und sich Stolpersteine zeigen. Als Profil 1/3 gerät man manchmal durch die eigene Impulsivität in neue Abenteuer, obwohl man noch keinen Überblick hat. Dann geht es darum, sein inneres Bedürfnis nach Sicherheit zu verstehen und zu sehen, wie man diese erlangt, damit sich das Nervensystem wieder entspannen kann.

Als Profil 2/4 gilt es, die Balance zwischen Introversion und Extraversion zu finden. Man wünscht sich Raum und Zeit für sich und würde sich als eher schüchtern bezeichnen. Aber das Umfeld holt einen immer wieder aus der Höhle raus, möchte im Kontakt sein und würde einen als offen und herzlich beschreiben. Beide Anteile anzunehmen und im Leben zu integrieren, kann den inneren Konflikt auflösen.

Mit einem 6/2er Profil darf man dahingegen lernen, Perfektion loszulassen, um so viel wie möglich aus den Erfahrungen zu lernen. Hier kann man immer wieder eine übergeordnete Perspektive aufs Leben einnehmen und manchmal holt einen das Leben trotzdem zurück in die Mitte und ins Chaos, obwohl man sich am liebsten im eigenen Zimmer verkriechen würde.

Zu verstehen, dass es genau diese scheinbaren Gegensätze sind, die sich anziehen, kann uns helfen, uns mit mehr Liebe und Verständnis zu begegnen. Auch andere Menschen tragen diese verschiedenen Anteile in sich und wenn du die Profillinien deines Partners, deines Kindes oder deiner Freunde erkundest, wirst du ein besseres Verständnis für ihre ganz eigenen Bedürfnisse haben. Wenn wir beginnen, Menschen mit diesen Augen zu betrachten und uns nicht länger mit ihnen vergleichen oder erwarten, dass sie genauso ticken wie wir, entspannt dies meist auch unsere Beziehungen.

Menschen mit demselben Profil oder einer gleichen Linie (wie zwei Freunde mit einem Profil 3/5 oder eine Partnerschaft mit einem 2/4er und einem 6/2er Profil) haben meist starke Gemeinsamkeiten, die sie verbinden. Man versteht sich bezüglich der Bedürfnisse und dem Lebensweg beinah blind. Wenn zwei komplett unterschiedliche Profile aufeinandertreffen (zum Beispiel ein Profil 1/3 und ein Profil 2/4), dann bedarf es manchmal mehr Kommunikation und Offenheit, um gut miteinander auszukommen. Doch jeder bringt eigene Stärken mit, und es kann eine solche Beziehung sehr bereichern, wenn man offen für die Andersartigkeit des Gegenübers ist.

Zum Ende dieses Kapitels kommt jetzt noch eine wichtige Erinnerung: Genau wie wir jeden einzelnen Human Design Typ in seiner Kraft und Einzigartigkeit brauchen, genau wie wir das Zusammenspiel der Typen brauchen, um gemeinsam eine Veränderung in dieser Welt zu bewegen, genauso brauchen wir auch jedes einzelne Profil. Jedes Profil und jede Linie bringen noch mal ein ganz besonderes Geschenk mit auf diese Welt, das gebraucht wird.

Das Wissen der 1er Linie, die natürliche Talente der 2er Linie und die Erfahrungen der 3er Linie – all dies bringt uns eine solide Basis für unseren Miteinander und prägt unseren persönlichen Lebensweg. Dabei schenken uns die Herzensverbindungen der 4er Linie, die praktischen Lösungen der 5er Linie und der große Einfluss der 6er Linie genau die Möglichkeiten, unser inneres Wissen nach außen zu tragen. Wenn wir es uns erlauben, unser Profil in seiner vollen Kraft auszuleben – wenn wir sozusagen unser buntes Lieblingsoutfit mit Stolz tragen und uns nicht länger im schwarzen Kostüm verstecken –, so ermöglichen wir es auch allen anderen Menschen, ihre wundervolle Einzigartigkeit, ihren kosmischen Fingerabdruck mit der Welt zu teilen.

LEBE DEIN
EXPERIMENT
VOLLER
Sternenstaub-
Magie

WIE ALLES ZUSAMMENFLIESST

Gemeinsam haben wir mit diesem Buch deine kosmische Reise angetreten. Du hast deinen Human Design Typ kennengelernt und erfahren, was deine natürliche Strategie ist, wie du mit dem Leben und anderen Menschen interagierst. Du hast außerdem verstanden, wie dein Energiefeld funktioniert und wie du am besten in deine Kraft kommst. Als Nächstes haben wir gemeinsam deine innere Entscheidungsweisheit erkundet. Du durftest entdecken, wie du starke Entscheidungen für dich und dein Leben treffen kannst und wie du andere in ihrem Entscheidungsprozess unterstützen kannst. Im nächsten Schritt hast du deine zwei Profillinien und die dazugehörigen Archetypen kennengelernt. So hast du dein Verständnis für deine Bedürfnisse, deine Persönlichkeit und deinen ganz einmaligen Lebensweg vertieft. Diese drei Elemente bilden die drei Grundpfeiler deiner Human Design Chart. Sie ermöglichen es dir, dein ganz eigenes Experiment voller Sternenstaub-Magie zu starten und sich voller Vertrauen darauf einzulassen.

Die Grundlage, dein Design wirklich zu verkörpern und zu leben, liegt in deinem Typ. Denn die Strategie ist einer der praktischsten Hinweise darauf, wie du mit all den Möglichkeiten, die dir tagtäglich begegnen, umgehen kannst. Deine Strategie zu leben, wird deine eigene Kraft und deine Energie verändern. Hier am Ende dieses Buches ist es mir noch einmal wichtig, die Bedeutung der Strategie zu unterstreichen. Mit der Strategie zu experimentieren, kann Geduld kosten

und vor allem, wenn du bisher gegen deine eigene Energie gelebt hast, fühlt es sich erst einmal sehr ungewohnt an. Denn in unserer Gesellschaft sind wir daran gewöhnt, einfach zu machen. Die Strategie erfordert Geduld, denn jede Strategie hat ein Element des Wartens in sich. Als Manifestorin wartest du auf authentische innere Impulse, die dich stärken. Als (Manifestierende) Generatorin wartest du auf Möglichkeiten, auf die du aus dem Bauch heraus reagieren kannst. Als Projektorin wartest du auf Anerkennung und darauf, Einladungen von den richtigen Menschen zu bekommen. Und als Reflektorin wirst du von anderen initiiert und darfst dir gleichzeitig genug Raum und Zeit nehmen, auf diese Initiationen einzugehen.
Dieses Warten ist das Gegenteil von vielen Grundsätzen und Glaubenssätzen, die wir in diesem Leben mit uns herumtragen. Doch sobald du anfängst, wirklich mit deiner Strategie zu experimentieren, wirst du merken, dass deine inneren Energiereserven zurückkommen. Unsere schnelllebige und ungeduldige Gesellschaft, all die falschen Möglichkeiten brennen uns nämlich kollektiv aus. Die Strategie ermöglicht dir, wieder vollkommen in deiner Kraft zu sein. Du übernimmst die volle Verantwortung für dein Leben und für deine eigene Energie. Und du wirst schnell merken, was mit diesem Zuwachs an Energie und den richtigen Signalen alles möglich ist. Wenn du dann deiner Entscheidungsweisheit wirklich traust und mit ihr die wichtigen Entscheidungen in deinem Leben triffst, wirst du schnell merken, dass sich dein Leben wandelt. Du spürst, dass du endlich wieder selbst am Steuer bist und nicht länger fremdbestimmt durchs Leben wanderst. Du bestimmst die Route und wirst unterwegs die Erfahrungen machen, für die du auf dieser Welt bist.

Wichtig ist, noch einmal zu betonen, dass die Entscheidungen, die wir mit unserer Autorität treffen, nicht immer einfach sind. Häufig sind es Entscheidungen, die von uns verlangen, bekannte Pfade zu verlassen und uns ins Ungewisse aufzumachen. Doch in jeder authentischen Entscheidung liegt das Wachstum, das sich deine Seele auf dieser Erde wünscht. Und neben den herausfordernden Entscheidungen wirst du bemerken, wie viel mehr Sternenstaub-Magie in deinem Leben ist. Denn wenn wir selbstbestimmte Entscheidungen treffen, dann haben wir mehr das Gefühl, unserer Bestimmung auch wirklich zu folgen und unserem Lebensweg zu vertrauen. Das Wissen über dein Profil lässt dich deine eigenen Bedürfnisse auf deinem Lebensweg verstehen. Du erkennst, wie du eigentlich gemacht bist, um dem Leben bestmöglich zu begegnen und deiner Bestimmung zu folgen. Anstatt in einem unpassenden Kostüm durch das Leben zu gehen, kommst du in deinem absoluten Lieblingsoutfit wieder zum Strahlen. Du begegnest dir und anderen mit mehr Mitgefühl und Liebe und schaffst es mit dem Verständnis über dein Profil, das auszuleben, wofür du hier auf dieser Erde bist.

Diese drei Komponenten – Strategie, Entscheidungsweisheit und Profil – sind die ersten drei Schlüssel zu deinem ganz eigenen Lebensweg. Sie öffnen dir bis dahin verschlossene Türen, zeigen dir neue Perspektiven und dein kosmisches Potenzial auf. Sobald du bereit bist, kannst du noch tiefer in deine Human Design Chart eintauchen und lernen, welche energetischen Potenziale und Stärken in dir liegen. Doch wenn du dem Weg folgst, den dir diese drei Schlüssel eröffnen, wirst du bereits dein höchstes und bestes Potenzial ausleben. Vertrau auf deinen eigenen Weg und lebe deine Einzigartigkeit – denn genau dafür bist du hier auf dieser Welt!

DIE HÄUFIGSTEN FRAGEN ZU HUMAN DESIGN

Mich erreichen täglich per Mail, über meinen Instagram-Account, in Kursen und Workshops viele Fragen. Im Folgenden findest du Antworten auf die zehn Fragen, die mir und meinem Team am häufigsten gestellt werden. Vielleicht kann ich dir auf diesem Wege bereits etwas mehr Klarheit und Verständnis für deine Lebenschart geben. Es sind kurze, knackige Antworten und natürlich könnte ich noch viel mehr dazu sagen. Wenn du mehr wissen möchtest, dann höre mal in meinen Podcast »Sternenstaub Stunden« rein. Dort greife ich verschiedene Fragen auf und gehe im Detail darauf ein. Doch hier gibt's erst mal die Kurzfassung.

Brauche ich meine genaue Geburtszeit, um meine Human Design Chart zu erstellen?

Um deine Lebenschart akkurat zu berechnen, ist deine möglichst genaue (am besten auf die Minute exakte) Geburtszeit wichtig. Je tiefer du in die Chart eintauchst, desto wichtiger ist dieser genau Zeitpunkt. Dein Typ, deine Autorität sowie dein Profil können sich im Laufe des Tages wandeln. Wenn du nur einen Zeitraum hast (beispielsweise am frühen Nachmittag), dann gib einmal im Stundenintervall Zeiten zwischen 12 und 16 Uhr ein und schau, ob sich in diesen drei Kernelementen etwas verändert. Wenn nicht, dann hast du bereits einen guten Anhaltspunkt. Falls doch, lohnt es sich, tiefer in diese Unterschiede einzutauchen und zu entdecken, was sich mehr nach dir anfühlt. Deine genaue Geburtszeit kannst du beim zuständigen Standesamt erfragen. Weitere Möglichkeiten habe ich im Kapitel »Die Lebenschart« aufgeführt.

Gibt es Mischtypen oder noch mehr Profil-Kombinationen?

Nein, im Human Design gibt es keine »Mischtypen«. Du kannst nicht teils Projektorin und teils Manifestorin sein. Genauso wenig gibt es ein 1/2er Profil oder eine Kombination aus 6/1. Das ist »technisch« nicht möglich durch den festen Abstand der bewussten und unbewussten Sonne, die dein Profil prägen. Und auch dein Profil ändert sich nicht im Laufe deines Lebens (Ausnahme ist der Prozess der 6er Linie). Je tiefer du in deine Chart, in dein Profil, später auch in deine Center, Kanäle und Tore, eintauchst, desto mehr wirst du verstehen, warum einige Eigenschaften eines anderen Typs in dir auf Resonanz stoßen. Ebenso kannst du entdecken, wieso eine Linie, die du nicht in deinem Profil trägst, besonders stark mit dir in Resonanz geht. Es könnte eine Konditionierung sein, da du meinst, anders »ticken« zu müssen. Oder vielleicht hat ein Elternteil oder eine Bezugsperson dich sehr stark mit der eigenen Energie geprägt und du verwechselst diese bis heute mit deiner eigenen. Wenn es dein Wunsch ist, hier mehr Klarheit zu bekommen, würde ich dir empfehlen, tiefer in deine Chart einzutauchen.

Verändert sich mein Typ im Laufe meines Lebens?

Der Typ ändert sich nicht. Da deine Lebenschart immer anhand der Geburtsdaten errechnet wird, bleibt diese energetische Grundlage konstant. Nichtsdestotrotz gibt es weitere Ebenen im Human Design, in die man in Lebenszyklen eintauchen und entdecken kann, welche energetischen Themen sich je nach Lebensphase zeigen können.

Was ist, wenn ich das Gefühl habe, mein Typ und meine Strategie passen nicht zu mir?

Meist schaltet sich zu Beginn unser Kopf ein und möchte ein anderer Human Design Typ sein. Wir wollen so stark sein wie ein Manifestor oder so ausdauernd wie ein Generator. Hinterfrage hier deine Glaubenssätze, die du mit deinem Typ verbindest. Trotzdem gibt es natürlich noch weitere Nuancen in der Chart und wie ich bereits betont habe, ist der Typ nur die erste und oberste Ebene der Energie. Hier kann es hilfreich sein, in einem Reading oder einem Coaching tiefer in die Chart einzutauchen.

Wie kann ich Entscheidungen treffen, wenn ich meine Autorität nicht wahrnehme?

Wir sind so sehr daran gewöhnt, Entscheidungen mit dem Kopf zu treffen, dass es ungewohnt ist, sich wieder mit unserem Körper und dem ganz eigenen Entscheidungsprozess zu verbinden. Habe Geduld mit dir und arbeite mit der Liste der Glaubenssätze, die du im Kapitel »Starke Entscheidungen treffen« findest. Viele von uns dürfen wieder mehr in ihrem Körper und ihrer Energie ankommen, um kraftvolle Entscheidungen zu treffen. Auch hier kann es hilfreich sein, wenn du dir Unterstützung von einem Experten holst.

Was ist, wenn ich meine Profillinie nicht mag?

Wir bewerten die Dinge gern und stempeln sie als »gut« oder »schlecht« ab. Vielleicht hast du mit deiner 3er Linie gelernt, dass es schlecht ist »Fehler« zu machen, oder du findest mit deiner 5er Linie das Projektionsfeld anstrengend. Öffne dich hier für die Geschenke, die hinter diesen scheinbaren Herausforderungen liegen. Finde (bekannte) Menschen mit demselben Profil und schaue, wie sie in ihrer Kraft stehen. Außerdem zeigt dieses Buch nur einen Ausschnitt davon, was es bedeutet, eine bestimmte Linie in Kombination mit deiner Chart zu haben. Hier kannst du bei Bedarf auch noch tiefer eintauchen.

Sagt mir mein Design, ob ich mit meinem Partner zusammenpasse?

In manchen Kreisen wird Human Design dafür benutzt, um Kompatibilität in Partnerschaft, Freundschaft oder Business zu nutzen. Meiner Meinung nach kann es hilfreich sein, die Lebenschart und damit die Energie unserer Mitmenschen zu verstehen. Dieses Verständnis kann uns neue Ebenen des Mitgefühls öffnen und ganz neue Grundlagen für Beziehungen schaffen. Doch die Lebenschart sollte niemals als Ausschlussverfahren für Partnerschaft oder Beziehungen genutzt werden. Ich denke, wenn uns das Leben mit einem bestimmten Menschen zusammengebracht hat, dann wird es einen Grund haben, dass wir diesen Weg (oder einen Teil des Weges) gemeinsam gehen dürfen.

Was ist, wenn mein Kind ein komplett anderes Design hat als ich?

Die Lebenschart kann dir ein neues Verständnis für dein Kind schenken. Denn egal wie alt es ist, es trägt diese energetischen Veranlagungen bereits in sich. Vielleicht hast du bereits gespürt, dass ihr euch in einigen Punkten unterscheidet. Mithilfe des Wissens über die Lebenschart kannst du deinem Kind und seinen Bedürfnissen nun auf eine neue Art und Weise begegnen.

Wie hängt meine Human Design Chart mit meinem astrologischen Geburtshoroskop zusammen?
Die Lebenschart und deine astrologische Chart sind untrennbar miteinander verknüpft. Human Design nutzt den tropischen Tierkreis und in diesem sind auch alle Tore und Aktivierungen zu finden. Jedem Tierkreiszeichen werden bestimmte Tore zugeschrieben und ähnlich wie in der Astrologie können wir bei tiefgreifenden Readings auch das Häusersystem und die Tierkreiszeichen nutzen, um deine Energie noch besser zu verstehen. Beide Auslegungen der Energie schließen sich nicht aus, sondern ergeben gemeinsam ein noch runderes Bild für dich.

Wo kann ich mehr über mein Design lernen?
Wenn du tiefer ins Human Design und in deine Lebenschart eintauchen möchtest, findest du auf meiner Website eine Vielzahl an Möglichkeiten. Neben meinem Podcast »Sternenstaub Stunden« gibt es auch einen Blog sowie verschiedene Formate, in denen du deine Energie kennenlernen kannst. Außerdem gebe ich mehrmals im Jahr die »All About Human Design Masterclass« – meine holistische Human-Design-Coaching-Ausbildung. Mittlerweile gibt es eine Vielzahl an Human-Design-Experten, die mit dir in deine Lebenschart eintauchen und dich auf dieser Reise begleiten. Ich empfehle dir, dass du dir Mentorinnen und Coaches suchst, mit denen du in Resonanz gehst und die du im Einklang mit deiner Strategie und Autorität entdeckst. Hier liegt dann die größte Magie für eine Zusammenarbeit.

LASS DICH AUF DEIN EINZIGARTIGES EXPERIMENT EIN

Zum Abschluss dieses Buches möchte ich dich jetzt ermutigen, dein eigenes Human Design Experiment zu starten. Du hast alle wichtigen Hinweise bekommen und trägst bereits so viel Weisheit in dir, dass du dich auf diese kosmische Reise machen kannst.

Human Design bietet eine unglaubliche Fülle an Informationen und man kann sehr tief in dieses System eintauchen. Ich beobachte es in meinen Kursen immer wieder, dass zu Beginn gern der Verstand übernehmen möchte und man immer noch mehr wissen möchte, anstatt das Gelernte zu integrieren. Doch unser Verstand führt uns häufig von der Essenz unserer Energie weg. Obwohl Human Design und die Lebenschart so viele spannende Ebenen bereithalten, ist es doch eine Reise, die Schritt für Schritt gegangen werden muss. Und erst bei der Implementation im echten Leben zeigen sich Veränderungen. Wenn du nicht deiner Strategie folgst, wirst du wahrscheinlich nicht das Potenzial deiner Kanäle entdecken. Wenn du Entscheidungen gegen deine Autorität triffst, wirst du das Gefühl haben, vom Weg abzukommen. Wenn du dir nicht erlaubst, die Stärken deines Profils zu leben, wirst du dich abgeschnitten von deiner Bestimmung fühlen.

Genau deshalb sind diese drei Elemente so essenziell. Egal wo du auf deiner Human Design Reise im Moment stehst, ob du gerade die ersten Schritte hinter dir hast oder bereits mehrere Jahre unterwegs bist – mit diesem Buch möchte ich dich an die Einfachheit, Essenz und Ma-

gie deiner Lebenschart erinnern. Der einfachste und schnellste Weg, um mit dir selbst und damit mit allen anderen verbunden zu sein, liegt in deinem Experiment mit Strategie, Autorität und Profil. Mit diesem Wissen hast du deine eigene Schatzkarte, die dich zu der Magie führt, die sich in dir befindet. Nutze diese Schatzkarte weise und lass dich nicht von deinem Weg abbringen. In einer Welt voller Ablenkungen und in der Logik über allem steht, kann man leicht das Ziel aus den Augen verlieren. Doch wenn du einmal dein Bewusstsein dafür geöffnet hast, wird dich dein Design wieder im richtigen Moment zum richtigen Ort zu den richtigen Menschen führen.
Dein Lower Self und dein Higher Self sind Wegweiser auf deiner eigenen Reise und zeigen dir, wo es langgeht. Nimm beide mit Liebe an. Entspanne dich in deine Strategie hinein und habe Vertrauen. Mit Geduld und achtsamem Bewusstsein wird alles, was für dich bestimmt ist, zu dir kommen. Vertraue deiner Autorität, auch wenn sie sich gegen all das entscheidet, was du eigentlich tun »solltest und müsstest«. Liebe die Schatten- und Sonnenseiten deines Profils und trage dein leuchtendes Lieblingsoutfit jeden Tag mit Stolz. Wenn du dies tust, ermöglichst du es auch alles anderen, in ihrer Einzigartigkeit zu strahlen. Sobald wir uns wieder daran erinnern, wofür wir hier auf dieser Welt sind, sind wir unaufhaltbar.

Vergiss nicht – du bist ein Wunder.
Du bist aus Sternenstaub gemacht
und trägst das ganze Universum in dir.

Deine Stephie

Kleines Human-Design-Lexikon

Aura	Dein dich umgebendes Energiefeld, das andere Menschen meist unbewusst wahrnehmen
Center	Feinstoffliche Energieknotenpunkte, die definiert oder undefiniert sein können und deine einzigartige Energie ausmachen
Center, definiertes	Durch dieses prägst du deine Umwelt; es steht dauerhafte Energie zur Verfügung
Center, undefiniertes	Durch dieses nimmst du deine Umwelt wahr und spiegelst sie; mögliche Glaubenssätze können hier sitzen
Entscheidungs-weisheit/Autorität	Beschreibt, wie du für dich kraftvolle Entscheidungen triffst, die zu deinem Weg gehören
Higher Self	Das Thema, das dir zeigt, dass du deiner Strategie (und Autorität) vertraust und im Einklang mit deiner Energie lebst
Kanal	Energiefluss zwischen den Centern; wird durch zwei Tore gebildet
Lebenschart	Grafische Abbildung deiner Energie
Linie	Die zwei Bausteine des Profils, die aus dem Hexagramm abgeleitet werden; beschreibt deine Persönlichkeitsmerkmale
Lower Self	Das Thema, das sich zeigt, wenn du nicht deiner Energie folgst
Planeten	Aktivieren die Tore; der Stand der Planeten bestimmt die Definition der Human Design Chart
Profil	Deine bewussten und unbewussten Persönlichkeitsmerkmale, die deinen Lebensweg einfärben
Reading	Eine professionelle Lesung zu deiner persönlichen Human Design Chart; kann in einem Gespräch, als Audio- oder Video-Datei oder in schriftlicher Form geschehen
Strategie	Leben im Einklang; beschreibt, wie du dem Leben und anderen Menschen begegnest und wie deine Energie am besten fließt; ist immer untrennbar mit dem Typ verknüpft
Tor	64 Tore – Potenziale – in der Chart, die definiert oder undefiniert sein können und sich in Kanälen treffen können
Typ	Deine Grundenergie und Konstitution, die dein Sein umfassend beschreibt

ZUM WEITERLESEN

Empfehlenswerte Bücher

Parkyn, Chetan: *Human Design.* Lüchow

Parkyn, Chetan: *Die Kraft deines Lebens.* Lüchow

Parkyn, Chetan: *Der Sinn deines Lebens.* Lüchow

Ra Uru Hu / Bunnell, Lynda:
The definitive book of human design (Original)

Curry, Karen: *Human Design einfach erklärt.* Lüchow

Rudd, Richard: *Die 64 Genschlüssel.* Jim Humble Uitgeverij

Schöber, Peter: *Das Human Design System – die Zentren.* Ibera Verlag

Noch mehr Buchtipps findest du hier:
www.allabouthumandesign.de/blog/buchempfehlungen-human-design

Exklusives E-Book als Bonus

Du möchtest noch tiefer in die Energien der Human Design Typen eintauchen und entdecken, wie sich diese Energien in der Partnerschaft, im Beruf und in der Kindheit auswirken? Dann lade dir hier als Bonus dein exklusives E-Book herunter.

REGISTER

DIE AUTORIN

Stephanie Löber ist Holistic Human Design Coach, Gründerin von All About Human Design und Host des »Sternenstaub Stunden Podcasts« mit über 100 Folgen rund um Human Design. 2018 hat sie das Human Design System kennengelernt. Seitdem ist es ihre Mission, Menschen an ihre Kraft zu erinnern und sie dabei zu unterstützen, ihr wahres Ich lieben zu lernen und auszuleben. In ihren Kursen, Workshops und Ausbildungen gibt sie Human Design auf eine liebevolle, verständliche und praktische Art und Weise weiter. Mittlerweile durfte sie schon über 1000 Menschen in ihren Online-Angeboten auf ihrem Weg mit Human Design begleiten.

Im Human Design ist Stephie eine 2/4-Generatorin mit einer sakralen Entscheidungsweisheit. Gemeinsam mit ihrem Projektor-Partner und ihrer kleinen Reflektor-Hündin lebt sie in Deutschland, reist aber mit den beiden auch gern längere Zeit an sonnige Orte und ans Meer. Alles rund um ihr Human Design Experiment teilt sie mit über 30 000 Menschen auf Instagram.

Die Autorin auf Instagram:
www.instagram.com/allabout_humandesign

Weitere Infos zur Autorin und ihrem Angebot:
www.allabouthumandesign.de

Sternenstaub Stunden Podcast:
www.allabouthumandesign.de/podcast

Die eigene Human Design Chart erstellen:
www.allabouthumandesign.de/chart-berechnen